OS LIVROS PROFÉTICOS

Pierre de Martin de Viviés

OS LIVROS PROFÉTICOS

A B C da BÍBLIA

Tradução
Carlos Alberto Contieri, SJ

Edições Loyola

Título original:
Les livres prophétiques
© Les Éditions du Cerf, 2018
24, rue des Tanneries, 75013, Paris, France
ISBN 978-2-204-11315-1

Dados Internacionais de Catalogação na Publicação (CIP)
(Câmara Brasileira do Livro, SP, Brasil)

Viviés, Pierre de Martin de
Os livros proféticos / Pierre de Martin de Viviés ; tradução Carlos Alberto Contieri. -- São Paulo, SP : Edições Loyola, 2022. -- (ABC da Bíblia)

Título original: Les livres prophétiques.
ISBN 978-65-5504-208-5

1. Bíblia. A.T. Livros proféticos - Crítica e interpretação I. Título. II. Série.

22-130002 CDD-224.506

Índices para catálogo sistemático:

1. Livros proféticos : Bíblia : Interpretação 224.506

Eliete Marques da Silva - Bibliotecária - CRB-8/9380

Capa e diagramação: Viviane Bueno Jeronimo
foto © Luan | Adobe Stock
Revisão técnica: Danilo Mondoni, SJ
Revisão: Carolina Rubira

Edições Loyola Jesuítas
Rua 1822 nº 341 – Ipiranga
04216-000 São Paulo, SP
T 55 11 3385 8500/8501, 2063 4275
editorial@loyola.com.br
vendas@loyola.com.br
www.loyola.com.br

ISBN 978-65-5504-208-5

103473

Sumário

Introdução

Os livros proféticos são um componente importante do Antigo Testamento. Tanto que há uma boa chance de nos depararmos com um deles quando abrimos a Bíblia ao acaso. Mas quais são exatamente os livros que iremos explorar nesta obra? A classificação dos livros da Bíblia variou ao longo dos séculos, por isso convém compreendê-la adequadamente.

Na Bíblia hebraica, ainda em uso nas comunidades judaicas contemporâneas, o conjunto das Escrituras é dividido em três seções: a *Lei* (Torá), os *Profetas* e os *Escritos*. A seção que nos interessa, por sua vez, é dividida em duas partes: os "Profetas anteriores" e os "Profetas posteriores". A primeira parte contém os livros de Josué, Juízes, Samuel e Reis. A segunda comporta quatro livros na Bíblia hebraica: Isaías, Jeremias, Ezequiel e os livros dos doze pequenos Profetas.

Quando a Bíblia hebraica foi traduzida para o grego, a partir do século III a.C., deu-se progressivamente uma nova organização dos livros. Na Bíblia grega (chamada de Setenta "LXX" ou também de Bíblia de Alexandria), os livros foram organizados em dois grandes grupos: em uma parte, os livros legislativos e históricos, e em outra, os livros proféticos e poéticos. Os "Profetas anteriores" da Bíblia hebraica foram colocados no primeiro grupo, e os "Profetas posteriores" no segundo grupo. Quanto aos livros da coleção dos *Escritos*, foram repartidos em um ou outro grupo. Assim, o livro de Daniel foi posto no grupo dos livros proféticos, ao passo que o de Rute engrossou a lista dos livros históricos.

Mas a Bíblia grega não é uma simples tradução da Bíblia hebraica. Ela tem livros suplementares, por vezes redigidos diretamente em grego. Esses livros, conhecidos com o nome de "deuterocanônicos", algumas vezes foram relacionados aos livros proféticos, como a Carta de Jeremias ou o livro de Baruc, considerados obras associadas ao profeta Jeremias.

A primeira geração cristã adotou como "Antigo Testamento" a grande maioria dos livros da Bíblia grega e conservou sua ordem de classificação. A partir da reforma protestante, as Igrejas reformadas retomaram os livros e a ordem de classificação da Bíblia hebraica. Deste modo, o livro de Daniel foi classificando entre os proféticos e posto após o livro de Ezequiel na Bíblia de Jerusalém, enquanto na Tradução Ecumênica da Bíblia é classificado segundo a ordem da Bíblia hebraica e colocado após o livro de Ester.

Na presente obra, vamos tratar como livros proféticos as obras pertencentes à coleção dos "Profetas posteriores" da Bíblia hebraica, a saber:

- Os três Profetas maiores:
  - Isaías
  - Jeremias
  - Ezequiel

- Os doze Profetas menores:

- Oseias
- Joel
- Amós
- Abdias
- Jonas
- Miqueias
- Naum
- Habacuc
- Sofonias
- Ageu
- Zacarias
- Malaquias

Designaremos esses livros sob o termo global de "literatura profética" ao longo deste percurso de introdução à sua leitura. Depois de apresentar brevemente o profetismo, abordaremos a literatura profética por meio de dois percursos. O primeiro, histórico, abordará os principais profetas por ordem cronológica, situando-os em seu contexto histórico e social. O segundo percurso, temático, destacará a mensagem profética sobre grandes questões transversais que perpassam todo o Antigo Testamento.

1

Antes de abrir os livros proféticos

O termo em português "profeta" deriva-se diretamente do grego "*prophetés*". Pode-se reconhecer nessa palavra a preposição "pro" que significa diante ou antes. Literalmente, o profeta é aquele que "diz diante" ou que "diz antes":

- Aquele que "diz diante": o profeta é, então, um *arauto*. Um personagem que tem por missão fazer conhecer publicamente uma mensagem ou de preparar a vinda de um personagem mais importante que ele, de quem ele é somente porta-voz.
- Aquele que "diz antes", isto é, antes que algo aconteça: o profeta é, então, um *adivinho*, encarregado de anunciar o que vai acontecer num futuro mais ou menos próximo.

De fato, esses dois sentidos se aplicam bem aos profetas bíblicos. Eles fazem ouvir a sua voz, mas não em nome de si mesmos. Eles intervêm para falar em nome de um personagem muito mais importante que eles, o próprio Deus. E muito de suas palavras pode conter acontecimentos futuros. Mesmo se não são propriamente adivinhos, trazem frequentemente uma luz sobre a história humana, seja a passada, presente ou futura.

A Bíblia hebraica utiliza vários termos para designar os profetas:

- O *nabî'*: é o termo padrão para designar o profeta. Em hebraico, essa palavra é a forma passiva de um verbo que significa chamar ou nomear. O *nabî'* é, portanto, aquele que *é chamado*. Isso designa o homem ou a mulher que recebeu especificamente uma missão. Aliás, vários livros proféticos consagram um capítulo para dizer como o profeta percebeu esse apelo divino e como respondeu a ele.

A missão do profeta é semelhante à de um embaixador mandado por um rei para transmitir uma mensagem a um interlocutor distante. Os profetas se exprimem exatamente como os diplomatas do Antigo Oriente, começando frequentemente seu discurso pela fórmula: "Assim fala o Senhor". Dito de outra maneira, escutando a voz do profeta, escuta-se a voz daquele que o enviou, exatamente como se escuta a voz do rei do Egito ou do rei da Assíria por meio do seu embaixador.

- O *ro'eh* e o *ḫozeh*: esses dois termos derivam de verbos que significam respectivamente "ver" (no sentido mais comum do termo) e "ter visões". Poder-se-ia traduzi-los por "o vidente" e "o visionário". Os profetas não são, portanto, senão homens da palavra. Transmitem também sua mensagem sob a forma de imagens, de visões mais ou menos fáceis de decifrar. Geralmente, a visão não está isolada, mas serve de suporte para uma palavra. Os profetas são, já naquele tempo, homens "multimídia".

No entanto, nem todos os profetas são "videntes". Em certos livros, a experiência visionária está ausente, enquanto pode ter grande importância em outros (Ezequiel, por exemplo).

O profetismo não é uma realidade específica de Israel. Encontram-se profetas em todas as civilizações do Antigo Oriente Próximo, no Egito e na Mesopotâmia. O profetismo mesopotâmio nos é bastante conhecido graças à abundante literatura conservada sobre tábuas de argila que resistiram muito bem ao tempo. Conhecemos também várias categorias de profetas, em que o *nabûm* acadiano é muito próximo do *nabî'* israelita.

Duas categorias desses profetas mesopotâmios exercem uma função bastante similar à dos profetas bíblicos:

- O *muhhûm* tem por função advertir as autoridades acerca da vontade dos deuses. Ele se apresenta como enviado por uma ou outra divindade e intervém por iniciativa dela. Geralmente acusa o rei de conservar mal os templos e o convida, em nome do deus por quem ele adverte, a realizar trabalhos de restauração ou edificar novos santuários.
- O *âpilum* (o respondente), ao contrário, é enviado pela autoridade humana para obter respostas divinas a diversas questões. Tipicamente, o rei o consulta antes de tomar decisões importantes para o reino, como entrar em guerra contra outro reino. Trata-se de assegurar-se de que a divindade é favorável a determinado projeto.

O profetismo antigo praticado em Canaã (a região de implantação do reino de Israel) é frequentemente de tipo extático. Os profetas entram em estado de transe (frequentemente provocado pela música ritmada, a dança e substâncias inebriantes ou alucinógenas) e pronunciam palavras misteriosas acompanhadas de grandes movimentos ou de convulsões. Tem-se um eco dessa prática no confronto entre Elias e os profetas de Baal no livro dos Reis:

> Elias disse então aos profetas de Baal: "Escolhei para vós um novilho e preparai vós primeiro, pois sois mais numerosos. Invocai o nome de vosso deus, mas não acendais o fogo". Eles tomaram o novilho que lhes foi dado, fizeram-no em pedaços e invocaram o nome de Baal desde a manhã até o meio-dia, dizendo: "Baal, responde-nos!" Mas não houve voz nem resposta; e dançavam dobrando os joelhos diante do altar que tinham feito. Ao meio-dia, Elias zombou deles, dizendo: "Gritai mais alto; pois sendo um deus, ele pode estar conversando ou fazendo negócios, ou então viajando; talvez esteja dormindo e acordará!" Gritaram mais forte e, segundo seu costume, fizeram incisões no próprio corpo, com espadas e lanças até escorrer sangue. Quando passou do meio-dia, entraram em transe até a hora da apresentação da oferenda, mas não houve voz, nem resposta, nem sinal de atenção. (1Rs 18,25-29)

A literatura bíblica considera com suspeição esse tipo de profetismo arcaico. Quando um personagem como o rei Saul se põe a "profetizar", sua atitude desordenada não é levada a sério:

> Dali partiu Saul para as celas de Ramá. Mas, o espírito de Deus também se apossou dele, e ele caminhou em transe até chegar às celas em Ramá. Também se despojou de suas vestes, entrou em transe diante de Samuel e depois caiu no chão, nu, e ficou assim todo aquele dia e toda a noite. Daí o provérbio: "Saul está também entre os profetas?". (1Sm 19,23-24)

Esse tipo de profetismo se encontra também em Israel nos grupos chamados "filhos de profetas" (expressão traduzida na Bíblia de Jerusalém por "irmãos profetas"). Não se trata de profetas hereditários, mas de pequenos grupos de profetas às vezes conduzidos por um líder. Há traços desses grupos no livro dos Reis (2Rs 2,3, por exemplo). O profeta Eliseu comanda um desses grupos por volta de 790 a.C. Trata-se de profetas marginais, vivendo afastados das cidades, num estado próximo à miséria. Essa forma arcaica de profetismo estava, então, em vias de desaparecimento e não encontrava mais lugar em uma sociedade sedentarizada e bem estruturada. Eles não são mais mencionados na época em que emerge o profetismo clássico.

Além dessas confrarias, os profetas da Bíblia podem ser agrupados em três grandes categorias:

- *Os profetas ligados a um santuário.* Agem no ambiente dos lugares de culto e pertencem ao grupo ligado ao santuário. Todos os grandes templos da Antiguidade tinham seus profetas aos quais se ia consultar para conhecer a vontade da divindade. É o caso do profeta Samuel, ligado ao santuário de Silo, cuja história é relatada no primeiro livro de Samuel.
- *Os profetas ligados à corte do rei.* Atuam como conselheiros do rei e podem exercer grandes responsabilidades, até garantir a nomeação ou destituição de ministros. O profeta Isaías é o modelo desses conselheiros, atuando sob o reino de vários monarcas.
- *Os profetas ocasionais.* Ao contrário das duas categorias precedentes, tais profetas não são profissionais que ganham a vida por suas profecias e possuem um *status* reconhecido na sociedade israelita. São indivíduos

simples que em determinado momento de sua vida são instituídos como profetas pelo Senhor e se consagram doravante à difusão da sua palavra. O profeta Amós é certamente representante desses profetas ocasionais: é um criador de gado que vai pontualmente profetizar em um santuário do reino de Israel antes de ser expulso e retornar ao seu rebanho.

Os profetas de Israel se distinguem de seus confrades do Antigo Oriente em diversos aspectos. São extremamente críticos à sociedade de seu tempo e a seus dirigentes. E, sobretudo, estão associados a uma literatura profética. Esse fenômeno é bastante específico de Israel. Conhecemos os profetas das outras culturas do Antigo Oriente e, em certos casos, alguns de seus oráculos foram conservados. Mas somente em Israel vê-se emergir toda uma literatura consagrada a eles.

No entanto, os profetas da Bíblia não são escritores. Transmitem sua mensagem oralmente. Entre o profeta e o livro que leva seu nome se instala o longo e complexo processo de sua história redacional. Foi preciso recolher os oráculos do profeta, reuni-los em coleções e às vezes fundi-los, adaptar esse texto a novos leitores, a novos contextos históricos... Muitos séculos e colaboradores participaram na elaboração dessas obras. A reconstituição da história redacional dos livros proféticos não é tarefa fácil. Ela se baseia em numerosos indícios deixados no texto, mas esses indícios são sempre tarefa de interpretação. As reconstituições das grandes etapas que levaram ao texto final que lemos hoje podem variar conforme os experts. Mesmo livros proféticos de tamanho modesto são suscetíveis de ter uma história redacional complexa.

A decisão de redigir os oráculos de um profeta não é anódina. Supõe, em primeiro lugar, a clareza de que o profeta em questão é de fato um autêntico enviado de Deus. Encontram-se na Bíblia numerosos "falsos profetas" que pretendem falar em nome de Deus, mas que trabalham de fato por própria conta. O discernimento sobre os autênticos profetas não é fácil; frequentemente são reconhecidos como tais postumamente. Por essa razão, todos os autênticos profetas não se preocuparam com uma edição de seus oráculos: grande número dentre eles são nomeados na Bíblia sem que se tenha retido deles mais que uma ou duas palavras.

Os editores dos livros proféticos agiram com a convicção de que a mensagem transmitida por esses profetas dizia respeito a um auditório mais vasto que seus contemporâneos. Pôr a palavra por escrito é permitir-lhe ultrapassar o tempo e o espaço. Deste modo, pode-se ler os oráculos de um profeta do século VIII durante os períodos turbulentos do exílio na Babilônia ou então durante as perseguições conduzidas pelo rei grego Antíoco IV no século II a.C. Mas será preciso, então, um importante trabalho de interpretação: o contexto mudou, a língua evoluiu, as problemáticas não são mais as mesmas... Cada geração de leitores dos profetas deverá fazer o esforço de entrar no mundo dele antes de fazê-lo entrar no seu.

O objetivo desta obra é precisamente: ajudar o leitor dos profetas, homem ou mulher do século XXI, a entrar no mundo do profeta que está lendo – uma outra língua, cultura, história... – a fim de compreender como essas palavras são sempre portadoras de sentido no seio de nossa cultura e de nossa história.

2

Os profetas da realeza (século VIII)

Vamos abordar os diferentes livros proféticos por ordem cronológica dos respectivos profetas. É importante ter em conta esta cronologia na medida em que os livros proféticos mais tardios não ignoram os profetas mais antigos: não é raro encontrar nesses escritos citações ou referências a esses autores. É o caso, por exemplo, do livro do profeta Jeremias que conhece bem os oráculos de Oseias e não hesita em citar alguns dentre eles.

A cronologia é igualmente importante porque permite situar cada profeta em seu contexto histórico. Esse contexto é uma chave de leitura fundamental para decifrar os livros proféticos. Os profetas não vivem fora do tempo: partilham as condições de vida, as angústias, as esperanças dos homens de seu tempo. Muitos de seus oráculos respondem às interrogações de seus contemporâneos ou criticam a sociedade de sua época. Sem o conhecimento desse pano de fundo histórico, muitos dos textos proféticos permaneceriam enigmáticos. Nos próximos capítulos iremos também apresentar brevemente o contexto no qual os profetas atuam.

O contexto histórico geral

Quando o profetismo clássico emerge, em meados do século VIII, o Oriente Próximo tem duas grandes potências: ao sul, o Egito; e ao norte (leste), a Assíria. Entre as duas potências se localiza o território de Canaã, que a partir dessa época será objeto de todas as cobiças. Para comercializar ou fazer guerra, o Egito e a Assíria deveriam transitar por Canaã. Quem controlasse os reinos possuía, portanto, grande vantagem, por ter um ponto de passagem obrigatório.

No século VIII, dois reinos coabitam sobre o território cananeu:

- O reino de Judá (capital: Jerusalém), situado ao sul, às portas do Egito. Tratava-se de um reino muito pequeno, sem um real poder militar ou econômico. Sua situação à margem dos grandes eixos de comunicação o fazia pouco importante do ponto de vista estratégico. Dada sua localização, a influência egípcia era frequentemente preponderante.
- O reino de Israel (capital: Samaria), situado mais ao norte. Era uma potência mediana da época, mais ou menos equiparável a seu vizinho, o reino da Síria (capital: Damasco). Quando esses dois reinos se aliavam, formavam um bloco capaz de conter a pressão exercida pelas grandes potências, a começar pela Assíria. Israel era um reino bastante próspero que desenvolveu rotas comerciais e possuía um exército considerável. Sobre o plano geográfico, o reino de Israel dominava o reino de Judá, e o rei de Judá estava frequentemente às ordens dos monarcas de Israel.

O século VIII é marcado pela ascensão ao poder da Assíria, sob o governo dos reis Teglat-Falasar III (745-727), Salmanaser V (727-722) e Sargão II (722-705). Esses reis instauraram e implementaram uma política de extensão territorial, buscando o confronto com o Egito. Os reis de Israel e de Judá deveriam fazer uma escolha capital: submeter-se voluntariamente à Assíria ou tomar partido do Egito, esperando que poderia protegê-los face à nova ameaça.

Amós: o rugido do leão

Grande parte dos livros proféticos possui um pequeno cabeçalho editorial indicando com exatidão o contexto no qual o profeta se move. O cabeçalho de Amós é particularmente rico de informações:

> Palavras de Amós, um dos pastores de Técua. O que ele viu contra Israel no tempo de Ozias, rei de Judá, e no tempo de Jeroboão, filho de Joás, rei de Israel, dois anos antes do terremoto. (Am 1,1)

Amós atua, portanto, sob os reinos dos reis Jeroboão II de Israel (783-743) e Ozias de Judá (781-740). Ele é originário de Técua, uma pequena cidade do reino de Judá, mas vai profetizar no reino de Israel, mais especificamente no grande santuário de Betel. Pode-se datar a atividade de Amós em torno do ano 750 (todas as datas que dizem respeito a esses personagens devem ser compreendidas como a.C.). Essa atividade foi de curta duração, na medida em que no cabeçalho pode pontualmente datá-la "três anos antes do terremoto". Esse sismo deve ter sido particularmente violento, uma vez que ainda é lembrado no livro de Zacarias (Zc 14,5). Infelizmente, nenhum cronista precisou quando aconteceu e isso não permite datar Amós com exatidão.

O reino de Jeroboão II foi particularmente longo. Por volta de 750 o reino de Israel estava no auge de seu poder. Após anos de conflitos com Damasco, a paz foi doravante bem estabelecida, e Israel recuperou todos os territórios que outrora tinham sido objeto de litígio. A ameaça assíria parecia ainda longínqua, e o discurso de propaganda da realeza era do tipo: "Dormi tranquila, brava gente, tudo está bem!" Muitos dos habitantes do reino não conheceram senão o reino de Jeroboão II, e o monarca encarnava uma certa ideia da estabilidade.

De fato, tudo parecia ir bem, em especial no domínio econômico. O reino explorava numerosas rotas comerciais; Samaria era uma cidade conhecida por seu artesanato de luxo, como o trabalho com marfim. Esse enriquecimento econômico beneficiava somente os notáveis e o palácio. Grande parte da população vivia na pobreza e sofria dura servidão por parte dos poderosos.

O esplendor do reino se revelava também no domínio cultual. Os reis patrocinavam amplamente os santuários onde nomeavam (ou destituíam...) o clero. Em Israel, os templos de Betel ou de Guilgal estavam no auge de sua extensão. Praticava-se ali um culto sacrificial pomposo permitindo libertar os participantes de todos os seus pecados.

O rei Jeroboão II foi o herdeiro de uma longa dinastia de monarcas. Seu ancestral Jeú chegou ao poder fomentando um golpe de estado sangrento que pôs fim à dinastia reinante precedente. Esse golpe de estado foi inspirado e afiançado pelo profeta Eliseu, ele mesmo agindo sob as ordens de seu mestre Elias (1Rs 19,16 e 2Rs 9,1-3). Esse elemento é importante para compreender a atitude da realeza face a Amós. Jeroboão herdou um reino afiançado por uma intervenção profética que havia justificado o golpe de estado. Ora, o que um profeta fez, pode refazer com a mesma eficácia. O rei poderia se sentir legitimamente ameaçado por um discurso profético hostil a seus procedimentos.

Sobre a pessoa mesma do profeta, o livro oferece algumas informações. Ele era originário de Judá e exercia a profissão de criador de gado e de agricultor (segundo Amós 7, possuía gado grande e pequeno e mantinha uma plantação de sicômoros). Não era um profeta profissional, aliás, se defende: "não sou profeta, não sou irmão de profeta; sou vaqueiro e cultivador de sicômoros" (Am 7,14). Não se tratava de um joão-ninguém de quem se poderia reduzir o discurso à indignação dos indigentes face aos notáveis da Samaria. Uma informação do Talmude de Babilônia (bNed 38a) esclarece que se tratava de um proprietário de terra e não de um trabalhador agrícola. Amós era homem do campo, e seu livro é abundante de alusões à vida campestre.

Sobre a sua vocação de profeta propriamente, o livro é bastante discreto. Dele mesmo, Amós diz que o Senhor o tirou de junto do rebanho (Am 7,15) e o enviou longe de suas terras para profetizar em Israel. Não se sabe qual foi a reação do profeta, mas parece ter sido obrigado pelo Senhor: "O leão rugiu: quem não temerá? O Senhor YHWH falou: quem não profetizará?" (Am 3,8).

Sua carreira profética foi muito curta. Amós 7 descreve sumariamente sua expulsão do santuário de Betel pelo sumo sacerdote Amasias. Este discerne na pregação de Amós um perigo potencial e imediatamente adverte o rei antes de devolver Amós para o seu reino de origem:

> Então, Amasias, sacerdote de Betel, mandou dizer a Jeroboão, rei de Israel: "Amós conspira contra ti no seio da casa de Israel, a terra não pode mais suportar todas as suas palavras. Porque assim disse Amós: 'Jeroboão morrerá pela espada, e Israel será deportado para longe de sua terra'." Amasias disse, então, a Amós: "Vidente, vá embora; foge para a terra de Judá; come lá o teu pão e profetiza. Mas em Betel não podes mais profetizar, porque é santuário do rei, um templo do reino.". (Am 7,10-13)

Em sua estrutura final, o livro de Amós está composto em torno de três grandes partes: os oráculos contra as nações, os oráculos contra Israel e as visões de Amós:

- Princípio (1,1)
- Tema geral (1,2)
- Sete oráculos contra as nações seguidos de um oráculo contra Israel (1,3–2,16)
- Oráculos de Amós contra Israel, Samaria e seus chefes (3-6)
- O relato pessoal das cinco visões de Amós e o conflito em Betel (7-9,10)
- Dois oráculos de salvação (9,11-15)

Ainda que o livro seja bastante curto, sua história redacional é complexa. As partes mais antigas da coleção puderam ser redigidas pouco tempo após a atividade profética de Amós (especialmente com o grande oráculo contra Israel de 2,6-16 e muitos dos oráculos dos capítulos 3 a 6). Em seguida, a obra foi atualizada após a destruição da Samaria, depois reeditada quando Jerusalém foi destruída e sua elite deportada para a Babilônia.

O anúncio de um castigo inelutável

Em princípio, a mensagem de Amós consiste em uma crítica impiedosa dos costumes de seu tempo. Todos os aspectos da sociedade são passados a limpo e seus defeitos expostos:

> Não sabem agir com retidão – oráculo de YHWH – aqueles que amontoam violência e rapina em seus palácios. (Am 3,10)

A crítica principal é sobre a situação dos mais pobres. Uma justiça corrompida lhes nega os direitos mais elementares e termina por lhes reduzir a estado de objetos, e, inclusive, de objetos de pouco valor (segundo Amós 2,6, vende-se o pobre pelo preço de um par de sandálias...). O profeta visa especificamente os responsáveis por essa situação, na primeira fila dos quais estão os notáveis da Samaria que se enriquecem explorando os pobres. No entanto, Israel não é o único responsável. Os oráculos contra as nações da primeira parte do livro denunciam todas as violências cometidas contra as vítimas sem defesa da guerra e da exploração. Nesses oráculos, Amós se revela como o campeão dos direitos do ser humano, e grande parte dos crimes que ele revela poderiam hoje ser objeto de inquérito junto ao tribunal penal internacional (genocídio, crime de guerra, atos de tortura e de barbárie...).

Ao mesmo tempo, Amós denuncia a consciência dos notáveis responsáveis por tais abominações. Eles frequentam o santuário e oferecem todos os sacrifícios prescritos pela Lei. Julgam estar em ordem com Deus, mas não mudam seu comportamento. O profeta reage vivamente a essa dissociação entre comportamento social e comportamento religioso. Para ele, a frequentação dos grandes santuários não é uma exibição contra o pecado. Ao contrário, é um pecado suplementar:

> Entrai em Betel e pecai! Em Guilgal, e multiplicai os pecados! Oferecei pela manhã vossos sacrifícios, e ao terceiro dia, vossos dízimos; queimai pão fermentado como sacrifício de louvor, proclamai vossas oferendas voluntárias, anunciа-as, porque é assim que gostais, israelitas, oráculo do Senhor YHWH. (Am 4,4-5)

Amós aponta, ao mesmo tempo, a cegueira de seus notáveis. A opulência deles e a estabilidade do reino os conduz a se crerem invulneráveis. Investem a longo prazo, constroem casas de pedra de cantaria e plantam vinhas seguros de colher o fruto (Am 5,11). Não discernem o perigo que vem do lado da Assíria, nem tampouco veem a triste situação dos pobres do país (Am 6,1-7).

No entanto, o principal perigo vem propriamente de Deus. Amós se inscreve na teologia clássica que deseja que Deus seja o defensor dos fracos. Ofender os pobres e os pequenos resulta em ofensa ao próprio Deus, e isso não é sem consequência. Desde o início do livro, o Senhor é comparado a um leão que ruge (Am 1,2). Como esse temível predador, ele pode despedaçar suas presas (Am 3,12) e só sua presença suscita medo.

O profeta desenvolve o tema do "dia do Senhor", dia em que o Senhor virá visitar seu povo. Para os contemporâneos de Amós, esse dia é esperado com esperança. Será, pensam eles, um dia de triunfo para Israel. Vários oráculos desenvolvem uma perspectiva totalmente diferente:

> Ai daqueles que desejam o dia de YHWH! O que será para vós o dia de YHWH? Ele será trevas e não luz. Como alguém que foge de um leão, e um urso cai sobre ele! Ou que entra em casa, coloca a mão na parede e a serpente o morde! Não é o dia do Senhor trevas e não luz? Sim, ele é escuridão, sem claridade! (Am 5,18-20)

A situação de Israel como "povo de Deus" não o protegerá, muito pelo contrário. Para Amós, a eleição de Israel é uma "circunstância agravante" no processo a que Deus o intima. Esse processo desemboca sobre um castigo que parece inelutável, como o afirma Amós 8,2: "Meu povo está maduro para o seu fim". Concretamente, será a invasão assíria que porá um termo às ações criminosas dos poderosos da Samaria. Mas o leitor é advertido de que é Deus que age pela mediação desse império, o que é uma maneira de afirmar também que o terrível rei Teglat-Falasar III não é senão vassalo do Senhor.

Nesse sentido, Amós se revela um precursor da universalidade do Deus de Israel. Várias passagens do livro sublinham a autoridade do Senhor sobre as nações estrangeiras que não o conhecem, a começar pelos oráculos sobre as nações que acusam esses povos de serem rebeldes contra Deus. Se o Senhor estabeleceu uma relação específica com Israel, isso não significa que essa relação seja exclusiva:

> Vós não sois para mim como os Cuchitas, filhos de Israel? – oráculo de YHWH. Eu não fiz Israel subir da terra do Egito, os filisteus de Caftor e os arameus de Quir? (Am 9,7)

Com Amós, o Deus de Israel deixa de ser estritamente um Deus nacional cuja jurisdição é restrita às fronteiras do reino.

Israel pode ainda escapar à destruição? Uma possibilidade é evocada em Amós 5,4-6.14-15. Somente uma busca sincera de Deus permitirá permanecer vivo. Essa busca de Deus deve se manifestar por uma mudança radical de comportamento. É uma busca do bem (e, portanto, uma rejeição do mal). Mas se a mudança de comportamento é uma condição necessária para escapar do julgamento, não é necessariamente uma condição suficiente:

> Odiai o mal e amai o bem, estabelecei o direito à Porta; talvez YHWH, Deus Sabaoth, tenha piedade do resto de José? (Am 5,15)

O "talvez" deixa íntegra a liberdade divina. Amós não parece absolutamente crer nessa conversão *in extremis* dos notáveis da Samaria. Somente os dois últimos oráculos do livro (Am 9,11-15) vislumbram uma possível restauração, mas num futuro longínquo.

Oseias: amor e castigo

O início do livro de Oseias dá igualmente algumas indicações cronológicas sobre o período de atividade do profeta:

> Palavra de YHWH que foi dirigida a Oseias, filho de Beeri, no tempo de Ozias, Joatão, de Acaz e Ezequias, reis de Judá, e no tempo de Jeroboão, filho de Joás, rei de Israel. (Os 1,1)

Oseias é, portanto, contemporâneo de Amós (mesma menção dos reis Ozias e Jeroboão), mas seu ministério foi mais estendido no tempo. Ele foi vivido sob os reinos de Joatão (740-736), Acaz (736-716) e Ezequias (716-687).

Após o longo reino de Jeroboão II, a situação se degradara rapidamente no reino de Israel. O filho de Jeroboão, Zacarias, reinou somente seis meses antes de ser vítima de um golpe de estado fomentado por um certo Chalum (2Rs 15,8-10). Este foi quase destronado por Menaém (2Rs 15,13-14). Em seis meses, três reis se sucederam sobre o trono da Samaria após os quarenta anos do reino de Jeroboão!

Esta instabilidade enfraqueceu o reino e abriu as portas para a dominação assíria. Menaém reinou de 743 a 738, submetendo-se à autoridade de Teglat-Falasar III. Vassalo fiel, podia transmitir o poder a seu filho Faceias. No entanto, a submissão à Assíria tinha um preço: o rei deveria pagar um pesado tributo e não havia outra possibilidade além aumentar os impostos, o que não contribuiu para sua popularidade (2Rs 15,19-20).

Ele teve de abrir seu reino à influência das divindades estrangeiras. Nesse sentido, Menaém se inscreve na continuidade de seus predecessores. Se YHWH era a divindade tutelar oficial do reino de Israel, outros tantos deuses estiveram presentes a seu lado. A principal divindade concorrente de YHWH era o deus Baal. Ele partilhava com YHWH numerosas características: era um deus do céu, o mestre da tempestade e da chuva. Era o cavaleiro das nuvens, combatia as forças caóticas do mar, construiu seu palácio nos céus, prestava-se a ele um culto sobre as montanhas aonde se subia para o encontrar. Era representado sob os traços de um homem ou sob a forma de um touro – a mesma forma que foi usada para representar YHWH em Êxodo 32,4 – e todas as semelhanças levaram os contemporâneos de Oseias a pensar que Baal e YHWH não eram senão dois nomes para uma mesma realidade.

O deus Baal era venerado na medida em que podia dar a chuva, absolutamente necessária para a agricultura. Por sua vez, o ciclo litúrgico retomava o ciclo das estações. Na estação seca, chorava-se a "morte" de Baal, retido no reino subterrâneo de seu inimigo Môt (a morte). Mas Baal retornava à vida a cada outono, com a volta da estação das chuvas. A religião cananeia é caracterizada por dois componentes que marcam muito os autores bíblicos: os sacrifícios humanos e a prostituição sagrada. Aliás, esta última é uma das chaves de leitura do livro de Oseias. Os ritos sexuais praticados nos santuários cananeus eram considerados participação humana na regeneração da natureza, permitindo assegurar a fecundidade da terra e as colheitas abundantes.

A impopularidade de Menaém recaiu sobre seu filho, e este, por sua vez, foi vítima de um golpe de estado promovido por um de seus oficiais, Faceias que se rebelou contra a Assíria e se recusou a pagar o tributo. Para opor-se à sanção assíria, aliou-se com Damasco, formando a coalisão siro-efraimita. Esta coalisão, em princípio sustentada pelo Egito, não desejava mobilizar suas tropas para o norte deixando a fronteira sul desguarnecida. Para evitar isso, o rei Faceias ordenou a seu vassalo de Judá, o rei Acaz, que se juntasse à coalisão. Mas esse último se recusou e os coligados declaram guerra a Judá. Sitiado em Jerusalém, o rei Acaz decidiu então se tornar vassalo da Assíria e pediu socorro a Teglat-Falasar III que atacou Damasco. A coalizão teve de suspender o cerco de Jerusalém para reforçar rapidamente o norte e tentar salvar o que podia ser salvo. Esses episódios deixaram traços tanto no livro de Oseias (do ponto de vista israelita) como no livro de Isaías (do ponto de vista judeu).

A resposta assíria à rebelião de Faceias não tardou a acontecer. Ele foi eliminado por um golpe de estado liderado por Oseias, filho de Ela (2Rs 15,30), que não deve ser evidentemente confundido com o profeta de mesmo nome. Após a morte de Teglat-Falasar III, em 727, o rei Oseias se revoltou contra a Assíria. Depois de ter reprimido outras revoltas, o novo rei Salmanaser V liderou a guerra contra a Samaria. Após longo cerco, a cidade se rendeu em 722. Uma parte da população foi deportada para a Mesopotâmia e o país se tornou uma província assíria. Foi o fim do reino de Israel, menos de trinta anos após o grito de alerta lançado pelo profeta Amós.

Oseias foi testemunha de todos esses acontecimentos e muitos de seus oráculos se explicam em função desse pano de fundo histórico. A pessoa mesma do profeta permanece um enigma. O livro não oferece qualquer dado a esse respeito. O leitor conhece somente o nome de seu pai e os fracassos conjugais do profeta relatados nos três primeiros capítulos. Na medida em que frequentemente esses oráculos fazem referência a Israel e a Samaria, pode-se se supor que ele está em atividade nesse reino. Certos comentaristas propuseram fazer de Oseias um levita familiarizado com o culto, mas isso permanece hipotético.

O plano do livro se estrutura em torno de três grandes partes, cada uma delas começando como um processo e evoluindo para um anúncio de restauração:

- A relação entre Deus e Israel por meio da relação do profeta com sua esposa (1-3).
- O relato de denúncia de comportamento cultual e político do reino da Samaria (4-11).
- A morte e a restauração de Efraim (12-14).

A história redacional do livro é muito complexa. É provável que os oráculos de Oseias tenham sido rapidamente redigidos, tendo a destruição da Samaria dado um grande crédito aos anúncios do profeta. Em razão do desaparecimento do reino de Israel, o livro foi editado em Judá e foi preciso adaptá-lo aos novos leitores. Encontram-se numerosos traços dessas edições judaicas do livro, a começar pelo início que data o profeta a partir dos reis de Judá, mais conhecidos dos leitores que os múltiplos monarcas que se sucederam de maneira efêmera à frente de Israel nos anos que precederam sua queda. Por vezes, a edição judaica se contentou em acrescentar "e Judá" nos oráculos concernentes essencialmente a Israel. No entanto, nem todas as menções de Judá no livro de Oseias são traços dessas edições. Os oráculos, na ocasião da guerra de coalisão siro-efraimita, implicam Judá enquanto reino inimigo de Israel, e as referências a Judá dão, então, o ponto de vista de um profeta israelita sobre a situação.

Há forte parentesco teológico entre o livro de Oseias e o Deuteronômio, assim como com a grande escola redacional responsável pela história de Israel que vai do livro de Josué aos livros dos Reis, a escola deuteronomista. É muito difícil determinar quem influenciou quem. Os redatores deuteronomistas podem ter contribuído com a edição do livro de Oseias, mas é bastante provável que Oseias seja o precursor teológico dos deuteronomistas, assim como de certas passagens do Deuteronômio.

A relação da aliança como relação de amor

A mensagem do livro se articula em torno de uma reflexão sobre a aliança entre Israel e seu Deus. A primeira etapa da reflexão consiste em estabelecer uma analogia entre esta aliança e a que pode existir entre um homem e sua esposa no contexto do matrimônio. Para enunciar isso, o profeta vai "roteirizar" essa teologia em sua própria vida conjugal. Por mandato do Senhor, vai esposar uma prostituta (provavelmente uma prostituta sagrada associada aos cultos cananeus), com quem terá três filhos com nomes simbólicos (o último é chamado "não meu povo"...). Oseias 2 descreve, então, o processo que o Senhor instaura contra sua "esposa" Israel, acusada de prostituição, isto é, de idolatria. Esse tema do processo é um clássico da literatura profética e se inscreve na lógica da aliança concluída entre um vassalo e seu suserano. Este tem o direito de julgar e de sancionar o vassalo se ele não respeitou seus compromissos.

Mas todo o mecanismo judicial se trava porque rapidamente o leitor descobre que o acusador é apaixonado pela culpada... Enquanto se espera uma sanção, eis o que o Senhor afirma:

> Por isso, eis que eu mesmo a seduzirei, conduzi-la-ei ao deserto e falar-lhe-ei ao coração. Dali lhe restituirei suas vinhas, e o vale de Acor será uma porta de esperança. Ali, ela responderá como nos dias de sua juventude, como no dia em que subiu da terra do Egito. (Os 2,16-17)

Oseias 2 revela o grito de amor ferido e ciumento de ver o amor dos homens se voltar para outros deuses, de ver seu próprio amor menosprezado. Mas esse ciúme não é destrutivo e, nesse sentido, difere do ciúme humano. Este amor ardente de Deus vai igualmente fazer explodir o quadro estrito pecado-punição. Se há castigo (e o livro de Oseias comporta boa parte de ameaças e de anúncios de destruição), é considerado sob forma pedagógica e não destrutiva.

O componente afetivo da aliança é igualmente evocado no capítulo 11 com a analogia do amor parental. Desta vez Israel é o filho de Deus, um filho rebelde que rejeita o amor de seu pai e prefere seguir outras divindades. Mesmo assim, o amor supera o castigo:

> Meu coração se contorce dentro de mim, minhas entranhas se comovem. Não executarei o ardor de minha ira, não destruirei

de novo Efraim, pois sou Deus e não um homem, sou santo no meio de ti, não retornarei com furor. (Os 11,8-9)

Deste modo, o livro de Oseias revela que a relação da aliança não é um simples contrato. É também (e sobretudo) uma relação de amor entre Deus e seu povo. Mas a relação é alterada pelo comportamento dos homens. A principal crítica feita a Israel é ter abandonado Deus para seguir Ba'al. Ou, ainda pior, ter "*ba'alizado*" YHWH, considerando-o divindade similar a Baal. Trata-se da forma mais perigosa de idolatria. Não a que se entrega a um culto concorrente, mas a que perverteu o conhecimento de Deus, que substitui o Deus revelado por um deus feito pelas mãos e imaginação humanas.

Para Oseias, essa idolatria procede da perda do conhecimento de Deus:

> Escutai a palavra de YHWH, filhos de Israel, YHWH abre processo contra os habitantes da terra, pois não há sinceridade nem amor ao próximo, nem conhecimento de Deus na terra. Multiplicam-se imprecações, mentiras, assassinatos, roubos e adultérios: sangue derramado segue-se a sangue derramado. Por isso, a terra está desolada, e todos os seus habitantes desfalecem, juntamente com os animais dos campos e os pássaros dos céus; até os peixes do mar desaparecerão. (Os 4,1-3)

Os sacerdotes são os primeiros responsáveis por essa situação (Os 4,6). Oseias os repreende por se isolarem para tirar benefícios do culto sacrificial, a tal ponto que esse culto se torna inoperante.

Ao lado dos sacerdotes, os reis são igualmente questionados. A infidelidade não é somente religiosa, é também política. Os reis buscam a salvação nas alianças com as grandes potências sem se darem conta de que a única "grande potência" que pode salvá-los é o próprio Senhor. Paralelamente, o povo é convidado a não esperar qualquer salvação da parte do rei:

> É tua destruição, pois só em mim está o teu auxílio. Onde está, pois, o teu rei para que te salve em todas as tuas cidades, e os teus juízes a que dizias: "Dá-me um rei e um príncipe"? Eu te dou um rei em minha ira, e eu o retomo em meu furor. (Os 13,9-11)

Exatamente como Amós, Oseias prevê a vinda próxima de uma catástrofe para o Reino de Israel, mas o castigo é considerado uma etapa necessária para uma verdadeira conversão. Mesmo que esse reino tenha traído a aliança, Deus não abandonou seu povo. E viriam dias em que a história de amor entre Deus e Israel poderia ser inteiramente restaurada.

Isaías: o conselheiro da realeza

O início do livro de Isaías situa a atividade desse profeta sob os mesmos reis mencionados por Oseias. Mais precisamente, Isaías começou seu ministério profético no ano da morte de Ozias, isto é, em 740. Ele ainda estava em atividade na ocasião do ataque de Senaqueribe contra Jerusalém em 701.

Isaías é, portanto, parcialmente contemporâneo de Oseias, mas o contexto sociopolítico no qual ele vive é diferente. Isaías é um profeta do reino de Judá, intimamente envolvido com a política desse pequeno estado.

Após o longo reinado do rei Ozias (781-741), muito semelhante ao de Jeroboão II em Israel, seu filho Iotam [Joatão] assegurou a sucessão, após já ter reinado alguns anos durante a doença de seu pai. Iotam desapareceu rapidamente de cena, e seu filho Acaz era muito jovem para assumir o poder. Com apenas 20 anos de idade, deveria enfrentar a grave crise política provocada pela recusa de entrar na coalisão siro-efraimita contra a Síria. Em represália, as forças conjuntas da Samaria e de Damasco devastaram seu reino e sobem contra Jerusalém. Apesar dos conselhos de Isaías (Is 7), Acaz se submeteu ao rei da Assíria e se tornou seu vassalo. A coalisão deveria, então, suspender o cerco e evacuar suas tropas. Acaz aproveitou a sorte para se apoderar de algumas cidades de Israel, provável recompensa outorgada pela Assíria em troca de sua colaboração voluntária. Durante os 20 anos de reinado de Acaz (736-716), o reino de Judá foi um vassalo fiel da Assíria e parecia prosperar normalmente sob a proteção do poderoso império, ao preço de uma submissão às leis e às divindades assírias.

Ezequias, o filho de Acaz, chegou ao poder em 716, sob o reino do rei assírio Sargão II, um monarca terrível que submeteu a seu bel prazer os reinos vassalos. A política de Ezequias consistiria em tentar se libertar da tutela assíria. Num primeiro momento, o rei agiu no domínio religioso, no âmbito de uma reforma centralizadora do culto. Fechou santuários estrangeiros, mas também os javistas periféricos, para reunir tudo em torno do templo de Jerusalém. Ampliou Jerusalém para acolher os numerosos refugiados provenientes de Israel após a queda da Samaria. Além disso, nessa ocasião, recuperou escribas e administradores do antigo reino, incrementando, assim, seu próprio aparelho administrativo.

Num segundo momento, Ezequias preparou a revolta contra a Assíria. Fortificou Jerusalém e cavou um sistema de adução de água para que a cidade pudesse se manter durante um longo cerco. Muniu-se de material militar considerável e, sobretudo, buscou aliados. Financiou uma revolta do rei filisteu de Azoto, mas ela falha e Azoto é destruída em represália em 711.

Quando Sargão morreu, em 705, muitos de seus vassalos pensaram que o sucessor Senaqueribe seria incapaz de governar. Revoltas explodiram por toda parte na periferia do império, a mais importante sendo liderada por um certo Marduk-apla-iddina (na Bíblia, chamado Merodac-Baladan), que se apoderou da cidade de Babilônia e desafiou duramente a autoridade do novo rei assírio.

Ezequias pensou, então, que sua hora havia chegado. Associou-se a Marduk-apla-iddina para abrir um segundo front, ajudado pelo Egito que lhe prometeu assistência militar. Senaqueribe respondeu a essa dupla ameaça de maneira meticulosa. Inicialmente não se ocupou com nada além de retomar a Babilônia, deixando Ezequias na ilusão de que conseguira se livrar da dominação assíria. Com a Babilônia capturada em 702, Senaqueribe pôde reorganizar todas as suas forças contra Ezequias. Em 701 as tropas assírias estavam às portas de Jerusalém. Todas as cidades de Judá foram tomadas e destruídas. Mas, contra toda expectativa, os assírios não conseguiram tomar a capital. As razões desse fracasso são pouco claras. O livro de Isaías (36-37) atribui o fracasso a uma intervenção divina, mas os historiadores veem a conjunção de um contra-ataque egípcio e de uma epidemia que devastou o campo assírio. Seja como for, Jerusalém escapou da destruição, mas Ezequias se encontrou à frente de um reino devastado e arruinado, desta vez à mercê da dominação egípcia.

O profeta Isaías é apresentado como membro da alta sociedade de Jerusalém. Ele atuou como conselheiro sob os reinos de Acaz e Ezequias, sem, contudo, conhecer muito sucesso. Mesmo o rei Ezequias, que é bem considerado pelo livro dos Reis, não escutou suas advertências sobre o perigo de uma revolta aberta contra a Assíria. Do profeta mesmo, não se conhece muita coisa além disso, senão que é casado e que tem ao menos dois filhos cujos nomes são igualmente portadores de uma mensagem profética (Is 7,3 e 8,1.3). À diferença de Amós, Isaías é um homem da cidade, e Jerusalém está no coração de muitos de seus oráculos. Segundo a lenda, teria sido executado sob o reino de Manassés, o filho de Ezequias.

Com 66 capítulos, o livro de Isaías é a obra mais volumosa da Bíblia. Esse tamanho em parte é devido ao fato de que, sob um título único, o livro reúne várias obras proféticas:

- Os capítulos 1-39 se inscrevem no contexto que acabamos de descrever. Os reis Acaz e Ezequias são mencionados. A cidade de Jerusalém é atacada, mas resiste à agressão de Senaqueribe. Situa-se bem no contexto do século VIII, tal como conhecemos por outras fontes.

- A partir do capítulo 40 o contexto é muito diferente. Jerusalém é abandonada e seu templo destruído. O povo está no exílio e espera sua libertação. Outro personagem histórico plenamente identificado faz sua aparição no livro: o rei da Pérsia, Ciro, que começa a ser verdadeiramente conhecido no cenário internacional a partir de 550 a.C. Esse cenário se estende até o capítulo 55.

- A partir do capítulo 56, o contexto muda novamente. Jerusalém é de novo povoada e o templo reconstruído. Enquanto a seção precedente anunciava um retorno triunfal do exílio, esses capítulos apresentam sobretudo uma decepção. As promessas de salvação destinadas a todo o povo doravante são referidas a um pequeno grupo de justos. O vocabulário e a sintaxe da língua hebraica são igualmente diferentes.

Sobre a base dessas observações, é comumente aceito que o livro de Isaías reúne oráculos de ao menos três diferentes profetas:

- O profeta Isaías do século VIII, que deu seu nome ao conjunto do livro.
- Um profeta anônimo que se chamará por convenção o segundo (dêutero) Isaías. Ele poderia situar-se no contexto dos últimos anos do exílio na Babilônia (550-538).
- Um ou mais profetas reunidos sob o nome convencional de terceiro (trito) Isaías, atuando nos decênios posteriores ao retorno do exílio.

Esta descoberta não é unicamente fruto da crítica literária moderna, mesmo que o primeiro a ter claramente formulado a hipótese de um segundo Isaías seja o exegeta alemão Döderlein em 1775. O exegeta judeu Ibn Ezra (1167) já havia percebido a ruptura de contexto histórico entre os capítulos 1-39 e 40-66. Também um manuscrito de Qumran deixa intencionalmente linhas brancas entre os capítulos 39 e 40, como uma advertência para o leitor de que se entra em outra seção do livro.

Contudo, não seria necessário considerar o livro de Isaías uma simples compilação de obras proféticas distintas que teriam sido ligadas umas após as outras. A história redacional é ainda mais complexa. A inserção, no curso dos séculos, de cada elemento do conjunto levou a uma remodelagem de todo o livro. Para retomar a imagem clássica, o livro de Isaías é como uma "catedral literária", reagrupando em um único e mesmo edifício partes de épocas e de arquitetos diferentes, o todo formando, no entanto, um conjunto coerente.

Os capítulos 1-39 do livro se articulam em redor de grandes unidades:

- 1-12 reagrupam oráculos sobre Judá e Jerusalém. Inscrevem-se no contexto dos reinos de Joatão e Acaz. É nesta parte que se encontra o relato da vocação de Isaías (capítulo 6), assim como a apresentação de Emanuel, uma criança da realeza chamada a um futuro excepcional.
- 13-23 reagrupam oráculos sobre as nações, sem se importar com a época de composição. Aí também serão encontrados oráculos do século VIII e passagens compostas dois séculos mais tarde.
- 24-27 formam um texto de caráter muito diferente, usualmente chamado pelos comentaristas o "Grande Apocalipse de Isaías". Às vezes, estes textos são próximos dos capítulos 40-66, mas, propriamente falando, não são da literatura apocalíptica.
- 28-33 reúnem oráculos sobre a Samaria e Jerusalém, num tom próximo da lamentação fúnebre.
- 34-35 são de um estilo muito próximo a 24-27, e, por isso, são frequentemente chamados "Pequeno Apocalipse de Isaías".
- Enfim, o bloco 36-39 forma um relato histórico redigido por outra mão, muito próximo do livro dos Reis. Não se trata, no entanto, de um simples "copiar-colar" do livro dos Reis, mas de uma adaptação para o livro de Isaías de uma história que implica o rei Ezequias e o profeta Isaías.

Um olhar crítico sobre a realeza

É difícil sintetizar em alguns parágrafos a mensagem do primeiro Isaías, por ser muito rico e múltiplo. No máximo nós podemos destacar algumas linhas principais.

O profeta da realeza tem grande interesse pela política tanto interna como estrangeira. Por detrás desta implicação se revela uma mensagem teológica: Deus não é indiferente à maneira como os reis de Judá governam o país, inclusive na microgestão (Is 22,15-25 contém um oráculo para justificar a destituição de um ministro e a nomeação de seu substituto). Isaías é particularmente crítico ao acordo de uma política de aliança com as grandes potências como a Assíria ou o Egito, vendo nesta política uma falta de confiança em Deus. No pano de fundo dessas críticas, se encontra uma reflexão sobre a própria realeza. Para Isaías, Deus é o verdadeiro rei de Judá, e o rei humano não é senão o imediato.

Se o rei se mostra defeituoso, é sempre possível esperar outro melhor. Várias passagens de Isaías anunciam efetivamente a vinda de um rei que melhor correspondesse aos projetos de Deus, alguém obediente à palavra divina. Deste modo, Isaías 7 evoca um personagem chamado "Emanuel", cujo nascimento iminente vai ser uma resposta à crise que o rei Acaz enfrenta. Este oráculo tão célebre ["Por isso, o Senhor vos dará um sinal: eis que a jovem está grávida, ela dará à luz um filho e dar-lhe-á o nome de Emanuel" (Is 7,14)] é relido em Isaías 9 e 11. Essas releituras formam a base bíblica do messianismo real, a espera de um descendente de Davi sobre o qual repousará a plenitude dos dons do Espírito Santo (Is 11,2) e que portará nomes do reino prestigioso ["Pois um menino nos nasceu, um filho nos foi dado, ele recebeu o poder sobre seus ombros e lhe foi dado este nome: Conselheiro-maravilhoso, Deus-forte, Pai-para-sempre, Príncipe-da-paz" (Is 9,5)]. Esse rei vencerá onde seus antecessores fracassaram, instaurando o reino da justiça e da paz.

Deus, o único rei do mundo

A partir da visão inaugural de Isaías 6,3, que apresenta Deus como triplamente Santo, o profeta desenvolve uma reflexão em torno desse tema da santidade divina, uma santidade que põe Deus à parte de um povo essencialmente pecador e impuro. A santidade e a glória divina se manifestam pela autoridade que Deus exerce sobre seu próprio povo, mas também sobre as nações estrangeiras, podendo utilizá-las como instrumentos da sua vontade (Is 7,18 ou 10,5-15). Os impérios mais poderosos são intimados a obedecer às suas ordens. Desde então, os que se beneficiam da proteção divina nada têm a temer, mas, para se beneficiar desta proteção, é necessário que ponham sua confiança nele.

Isaías apresenta Deus como um monarca prudente que faz planos de longo prazo. Cada elemento desse plano acontece tal qual o Senhor decidiu (Is 28,23-29; 37,26), e é precisamente uma das funções do profeta revelar uma parte desse plano. Deste modo, Isaías desenvolve uma teologia da história. Por detrás das ações humanas, a revelação profética permite discernir uma ação divina no seio da história dos homens.

O livro de Isaías se interessa também pela situação social e religiosa de Judá. Nesse sentido, o reino de Judá não é absolutamente diferente do de Israel, e encontram-se no livro as mesmas advertências que Amós e Oseias poderiam fazer aos seus destinatários em Samaria. Isaías denuncia a opressão dos fracos pelos poderosos e a hipocrisia religiosa desses últimos. Ele critica particularmente o culto sacrificial, incapaz de lavar os pecados sem conversão sincera dos participantes (Is 1,10-20). O profeta retoma a linguagem de Oseias e denuncia a prostituição de Jerusalém:

> Como se tornou prostituta a cidade fiel? Sião, onde prevalecia o direito, onde habitava a justiça, mas agora povoada de assassinos! (Is 1,21)

Logicamente tal comportamento não ficaria impune, e o livro de Isaías anuncia a iminência de um castigo, sancionando-o. Esse castigo será executado pelo exército assírio que vai invadir o país ["Naquele dia, o Senhor rapará, com navalha trazida de Além-Rio, com o rei da Assíria, a cabeça e o pelo das pernas, até a barba arrancará" (Is 7,20)]. Várias passagens insistem também sobre o rigor dessa sanção (1,9 ou 30,17).

No entanto, Isaías jamais considera uma destruição integral do reino de Judá ou de sua capital, Jerusalém. Há sempre sobreviventes que formam um (pequeno) remanescente. É esse remanescente que permitirá vislumbrar um futuro mais radiante. Porque esses sobreviventes representam um Israel justo a partir do qual é possível restaurar o país. Certas passagens consideram uma restauração limitada a um simples retorno à prosperidade e a uma certa dominação sobre os reinos vizinhos (Is 11,10-14); enquanto outras a situam no quadro do fim dos tempos, com uma nova criação em que todo o mal será banido (Is 11,6-9).

No coração desta restauração, se encontra a cidade de Jerusalém e, mais especificamente, a colina de Sião sobre a qual foi construído o templo. Para o livro de Isaías, Sião é a montanha santa que o Senhor escolheu para fazer sua morada (Is 4,5; 8,18). É como a montanha do Sinai, mas, desta vez, se trata de uma morada de Deus entre os homens e não à parte deles. É dela que irradia a Lei (Is 2,3) e, uma vez Jerusalém restaurada, torna-se polo de atração para todas as nações que ali virão em peregrinação. Esta presença divina em Jerusalém aparece no livro como garantia de salvação para a cidade. Nenhum poder humano poderá desalojar Deus de seu palácio.

Miqueias: de Jerusalém a Belém

O estudo dos profetas do século VIII não estaria completo sem mencionar Miqueias, profeta estritamente contemporâneo de Isaías. Ele atua no mesmo contexto histórico, mas em um outro contexto social. Miqueias é originário de uma aldeia rural (Moreshet) e não da capital. Ele não atua entre os reis, mas junto à plebe, no campo.

O livro de Miqueias é muito curto. Organiza-se em três grandes seções:

- O julgamento do Senhor contra o seu povo (1-3)
- A glória do novo Israel (4-5)
- O processo contra Israel (6-7)

De maneira geral, Miqueias denuncia a mesma deterioração social e religiosa que a evocada no livro de Isaías. Mas vai mais longe que Isaías, considerando a destruição de Jerusalém e de seu templo:

> Por isso, por vossa culpa, Sião será arada como um campo, Jerusalém se tornará lugar de ruínas e a montanha do templo, cerro de brenhas! (Mq 3,12)

O oráculo provavelmente mais célebre de Miqueias é o anúncio da vinda de um rei salvador. À diferença de Isaías, ele não liga esse rei a Jerusalém, mas a Belém, a cidade de onde é originário o rei Davi: "E tu, [Belém] Efrata, pequena entre os clãs de Judá, de ti sairá para mim aquele que governará Israel" (Mq 5,1).

Mesmo se não traz muitos elementos novos, o livro de Miqueias faz uma boa síntese do profetismo do século VIII, como o testemunha outro oráculo muito célebre:

> Foi-te anunciado, ó homem, o que é bom, e o que YHWH exige de ti: nada mais do que praticar a justiça, amar a bondade e te sujeitares a caminhar com teu Deus. (Mq 6,8)

Com essas três exigências, o profeta evoca o coração da mensagem de Amós, Oseias e Isaías.

3

No período do exílio (séculos VII e VI)

O contexto histórico geral

Se o século VIII foi caracterizado pela extraordinária extensão do império assírio, o século VII é marcado por seu declínio. A partir da morte de Assurbanipal em 627, a Assíria não cessa de perder terreno. Em 625, um certo Nabopolassar se proclamou rei da Babilônia, e, desde então, toda esta região escapou do poder assírio. Os reinos vassalos romperam seus contratos de aliança com a Assíria e o império ficou em pedaços.

Em Judá, o rei Josias, subiu ao poder por volta de 627; após um tempo de regência, cessou de pagar tributo à Assíria. Empreendeu vasto programa de reforma na linha de seu ancestral Ezequias, à época de Isaías. Seu objetivo visava uma total centralização do culto no templo de Jerusalém, sob a exclusiva direção do rei. O livro dos Reis tem sobre Josias um julgamento extremamente favorável (2Rs 22,2), na medida em que esse rei parece desejar erradicar todo culto estrangeiro de seu reino.

No entanto, o reino de Josias terminou tragicamente. Face à derrocada assíria, o rei do Egito, Necao II, mudou de política.

Tradicionalmente inimigo da Assíria, o Egito tentou salvaguardar alguma sobra do império assírio para servir como proteção diante da ascensão do poder fulgurante dos babilônios. Para isso, Necao teve de fazer transitar tropas ao norte da Assíria. Precisou, portanto, atravessar o reino de Judá. Face à recusa de Josias de deixá-lo passar, Necao não teve outra escolha que não fosse o enfrentamento. Em 609, Josias foi morto durante um confronto com o exército egípcio.

Sua morte gerou uma crise de sucessão. O Egito impôs, então, como rei o filho mais velho do falecido Josias, Eliacim, de quem o faraó mudou o nome para Joaquim. Durante alguns anos, o reino de Judá se tornou protetorado egípcio e um partido pró-egípcio se instalou fortemente no círculo do rei.

Em 605, Necao foi vencido pelo exército babilônio liderado por Nabucodonosor. O reino de Judá se tornou, então, vassalo da Babilônia, e os antigos funcionários de Josias sustentaram essa outorga de poder, formando um partido pró-babilônio e lutando contra a influência egípcia sempre forte na corte de Jerusalém. Forte a ponto de convencer o rei Joaquim de trair Nabucodonosor em favor do Egito. Esta traição levou as tropas babilônias a sitiar Jerusalém. Em 597 o rei Joaquim morreu e seu filho Ioiakim lhe sucedeu em uma cidade sitiada. Seu primeiro e único ato de governo foi o de se entregar a Nabucodonosor.

Uma parte da família real e a alta administração foram então colocadas em residência vigiada na Babilônia. Nabucodonosor pôs sobre o trono de Judá o tio do jovem rei exilado, Matanias, de quem ele mudou o nome para Sedecias.

A história se repetiu. De início submetido a Nabucodonosor, Sedecias terminou por traí-lo com o apoio do Egito. Nabucodonosor voltou a sitiar Jerusalém. Em 587, a cidade foi tomada uma segunda vez. O castigo foi terrível: a cidade foi devastada, o templo destruído, e os sobreviventes do cerco foram massivamente deportados como prisioneiros de guerra para a Babilônia. Deste modo, terminou o reino de Judá. Doravante a Judeia será mencionada como uma simples e pequena província do império babilônio.

Jeremias: o fim da realeza

Jeremias é a maior figura do profetismo do século VII. Durante uns quarenta anos acompanha o reino de Judá de sua ascensão, época de Josias, à sua queda, época de Sedecias.

O livro de Jeremias contém muitos elementos biográficos e autobiográficos. Ele começa seu ministério profético no 13° ano de Josias, isto é, em 627. O rei atingiu, então, sua maioridade e começou as reformas que culminaram com a limpeza do templo e a (re)descoberta do livro da Lei em 622. Curiosamente, o livro de Jeremias não faz muito eco a essas reformas religiosas. Isso pode se explicar pelo fato de que Jeremias era um sacerdote vindo de uma família sacerdotal que atuava em Anatot, aldeia situada a alguma distância de Jerusalém. A família de Jeremias talvez tenha patrocinado uma reforma centralizadora que considerava legítimo somente o santuário de Jerusalém... Poucos de seus oráculos são datados do reino de Josias, e não é possível saber a opinião do profeta sobre esse rei.

Jeremias era, sobretudo, ativo sob o reino de Joaquim. O profeta se posicionava de maneira muito crítica em face do rei e do templo. A tensão com Joaquim culminou em 604, quando o rei destruiu o livro no qual o profeta havia registrado todos os oráculos advertindo Judá acerca de um destino funesto (Jr

36). A mensagem de Jeremias possui um componente político bastante claro: o rei deveria abandonar toda esperança do lado egípcio e se submeter de bom grado a Nabucodonosor. Essa mensagem não foi recebida pelo rei, resultando na primeira tomada de Jerusalém, em 597. Sob Sedecias, Jeremias continuou a sustentar o partido pró-babilônio, o que provocou a ira dos partidários do Egito. Sedecias é mostrado como um monarca inconsistente, ora protegendo Jeremias, ora o entregando nas mãos de seus inimigos. Várias vezes o profeta foi preso e ameaçado de morte. Todavia, conseguiu sobreviver à destruição de Jerusalém em 587. Protegido pelos Babilônios que viam nele um de seus mais seguros apoios, não foi deportado à Babilônia. Jeremias era próximo de Godolias, o primeiro governador de Judá nomeado por Nabucodonosor. Mas Godolias foi assassinado pelo partido pró-egípcio, e Jeremias foi feito refém pelos assassinos para respaldar a fuga ao Egito. E seria no Egito, nas mãos de seus inimigos, que o profeta terminaria seus dias.

O livro de Jeremias é um monumento da literatura profética. Robusto, com 52 capítulos, é o resultado de uma história redacional extremamente complexa, sobre a qual pairam muitos enigmas. Encontramos no livro textos muito diversos: oráculos curtos e alguns versículos, grandes desenvolvimentos teológicos em prosa, passagens autobiográficas, ecos das reflexões pessoais do profeta, relatos biográficos em que Jeremias é o herói, e até mesmo um capítulo histórico tomado diretamente do livro dos Reis.

O livro de Jeremias é testemunha de sua história redacional. No capítulo 36, o profeta foi convidado a reagrupar em um primeiro "livro de Jeremias" seus principais oráculos a respeito do futuro de Judá. A operação foi realizada por um escriba profissional, Baruc. O livro desagradou fortemente o rei que o fez destruí-lo. Mas a obra foi reescrita:

> Jeremias tomou outro rolo e o deu ao escriba Baruc, filho de Nerias, que nele escreveu, ditadas por Jeremias, todas as palavras do livro que Joaquim, rei de Judá, tinha queimado. E ainda foram acrescentadas muitas outras palavras do mesmo gênero. (Jr 36,32)

Deste modo, no tempo da vida de Jeremias há edições "revistas e ampliadas" de sua obra. O processo seguiu durante decênios até chegar ao livro que conhecemos hoje.

Os oráculos mais antigos se encontram nos primeiros 25 capítulos do livro. Muitos oráculos são datados, o que permite constatar que os oráculos não são organizados em uma ordem cronológica. Frequentemente são reagrupados por tema, formando assim vastas seções, como a dos oráculos contra as nações (Jr 46-51).

Desde há muito tempo, os leitores atentos do livro de Jeremias notaram a semelhança de certas passagens com o livro do Deuteronômio, e, mais amplamente, com a obra da escola redacional deuteronomista. Há passagens desdobradas: um oráculo curto de Jeremias serve de base para um longo desenvolvimento em prosa em outra parte do livro. Não é impossível que essas seções em prosa sejam precisamente traços da edição deuteronomista do livro de Jeremias.

Outra curiosidade: o texto grego da Setenta é muito mais curto que o texto hebraico massorético e os capítulos não são organizados na mesma ordem. Os manuscritos de Qumran revelaram que os dois tipos de texto (curto e longo) existiam conjuntamente na mesma época. O tradutor da Setenta não encurtou o texto de Jeremias. Simplesmente traduziu um texto curto que posteriormente foi amplificado. Hoje é bastante admitido que o texto grego de Jeremias reflete uma forma do livro mais antiga que o texto massorético.

O plano do livro realça grandes seções:

- Oráculos contra Judá e Jerusalém (1-25)
- Oráculos de restauração (30-33)
- Relatos biográficos (26-29 + 34-45)
- Oráculos contra as nações (46-51)
- Apêndice histórico/ 2Rs 24,18-25,30 (52).

Ao interno das grandes seções, às vezes há reagrupamentos temáticos, como os oráculos dados por ocasião da grande seca (Jr 14,1-15,4), uma coleção de oráculos contra a casa real de Judá (Jr 21,11-23,8) ou ainda oráculos contra os profetas (Jr 23,9-40).

Assim como o livro de Isaías, a mensagem do livro de Jeremias é rica e abundante, difícil de resumir em algumas linhas. No entanto, alguns grandes eixos se impõem ao leitor.

A eficácia da Palavra

No coração do livro se encontra a manifestação toda poderosa da Palavra divina. Uma palavra que começa por se impor ao próprio profeta no relato de vocação (Jr 1), expelindo seus medos e resistências em se engajar em uma perigosa missão junto aos poderosos. Como o Senhor afirma desde o início do livro: "eu vigio sobre a minha palavra para realizá-la" (Jr 1,12). E é possível dizer que todo o livro de Jeremias é testemunha do cumprimento inelutável dessa palavra. Deste modo, quando o rei destrói o livro contendo a palavra dos oráculos de

Jeremias, é sempre possível reescrevê-las. O escrito é perecível, mas a palavra permanece eterna.

Desde que essa Palavra é posta na boca do profeta (Jr 1,9), ele participa de seu poder. Não deverá temer a diversidade humana, pois é habitado por uma força bem mais considerável. Como afirma o Senhor: "Minha palavra não é como um fogo? – oráculo de YHWH – não é como um martelo que arrebenta a rocha?" (Jr 23,29). Em hebraico, o termo habitualmente traduzido por "palavra" designa igualmente os atos. Portanto, nada há de surpreendente no que encontramos no livro de Jeremias de encenação da palavra por meio dos atos proféticos, como no episódio do cinto podre (Jr 13) ou a bilha quebrada (Jr 19).

O livro de Jeremias ilumina igualmente o próprio ministério profético, especialmente pelo confronto de Jeremias com os outros profetas de sua época, que se revelam como falsos profetas, isto é, homens que falam em nome de Deus sem ter recebido nenhum mandato da divindade para fazê-lo. Quanto ao profeta autêntico, tem acesso ao conselho divino e não fala a não ser sob sua ordem. Nesse sentido, o livro de Jeremias convida o leitor a fazer um paralelo entre Jeremias e Moisés, considerando que Jeremias é talvez o profeta "como Moisés" anunciado no Deuteronômio: "Eu vou suscitar para eles um profeta como tu, do meio de seus irmãos. Colocarei minhas palavras em sua boca e ele lhes comunicará tudo o que lhe ordenar" (Dt 18,18). Jeremias também é comparado a Samuel em Jeremias 15,1.

Jeremias não faz senão reproduzir a palavra divina. Ele é também um intercessor e leva a palavra dos homens a Deus. No entanto, sua missão profética é marcada pelo fracasso. Os homens não o escutam, e o Senhor lhe dá ordem de não mais interceder em seu favor (Jr 7,16; 11,14; 14,11). O profeta experimenta o sentimento de ser totalmente rejeitado e se lamenta junto a Deus nas passagens autobiográficas normalmente chamadas de confissões de Jeremias (11,18-23; 12,1-6; 15,10-21; 17,14-18; 18,18-23; 20,7-18). Essas lamentações de Jeremias estarão, aliás, na origem da expressão portuguesa "jeremiada".

Um reino sem fôlego

Como os outros profetas que o precederam, Jeremias traça um quadro muito sombrio de sua época. A aliança fracassou em todos os domínios. Os reis, os profetas e os sacerdotes fracassaram em sua missão. O mal está profundamente ancorado no coração do ser humano e nada parece poder frear sua progressão: "pode um etíope mudar sua pele? O leopardo suas pintas? Podeis vós, também, fazer o bem, vós que estais acostumados ao mal?" (Jr 13,23). Mesmo a instituição mais sagrada de Jerusalém, o templo, não podia assegurar a proteção da cidade: tornou-se um simples covil de ladrões (Jr 7,11). O mal estava de tal modo espalhado que comprometia até a vida do planeta:

> Olhei a terra: eis que era vazia e disforme; os céus: mas sua luz não existia. Olhei as montanhas: eis que tremiam e todas as colinas se abalavam. Olhei e eis que não havia mais homens; e todos os pássaros do céu tinham fugido. Olhei e eis que o Carmelo era deserto, e todas as suas cidades haviam sido destruídas diante de YHWH, diante do ardor de sua ira. (Jr 4,23-26)

Para o livro de Jeremias, o tempo veio da intervenção divina para castigar esse mal. Concretamente, o castigo tomou a forma da invasão babilônia. Nabucodonosor é apresentado como o servidor do Senhor, enviado para executar essa sanção.

Judá perderia tudo em que pusesse sua confiança: a terra, o templo, a realeza... Somente no exílio seria possível restabelecer o contato com Deus.

Para uma nova aliança

O livro de Jeremias possui também alguns capítulos evocando a restauração de Israel. A passagem mais célebre se encontra em Jeremias 31:

> Eis que virão dias – oráculo de YHWH – em que concluirei com a casa de Israel e a casa de Judá uma aliança nova. Não como a aliança que concluí com seus pais no dia em que os tomei pela mão para fazê-los sair da terra do Egito, aliança que eles próprios romperam, embora eu fosse o seu Senhor, oráculo de YHWH! Mas eis a aliança que concluirei com a casa de Israel depois desses dias, oráculo de YHWH. Porei minha lei no fundo do seu ser e a escreverei em seu coração. Então, serei seu Deus e eles serão meu povo. Eles não terão mais que instruir seu próximo ou seu irmão, dizendo: "Conhecei a YHWH!" Porque todos me conhecerão, dos menores aos maiores – oráculo de YHWH – porque perdoarei sua culpa e não me lembrarei mais de seu pecado. (Jr 31,31-34)

Jeremias visa uma nova aliança e não uma renovação da antiga. Será nova na medida em que for posta no coração do ser humano e não em sua periferia; poderá agir onde se encontra colocado o mal e, deste modo, erradicá-lo.

Ezequiel: compreender o exílio

É bastante fácil delimitar o quadro histórico dos oráculos de Ezequiel. Muitos deles são datados com precisão, sendo possível estabelecer a seguinte tabela: 31 de julho de 593 (data do oráculo da vocação em Ez 1,1-2) e 26 de abril de 571 (último oráculo datado em Ez 29,17). Ezequiel é, portanto, parcialmente contemporâneo de Jeremias.

O profeta entrou em função quatro anos após a primeira tomada de Jerusalém. Talvez fizesse parte dos exilados da primeira deportação, que acompanharam o jovem rei Joaquim e a elite sacerdotal, e da alta administração à Babilônia. Segundo o cabeçalho do livro, Ezequiel pertence a uma família de sacerdotes. Isso pode explicar seu vivo interesse pelas questões cultuais.

Após a segunda tomada de Jerusalém (587), Israel entra integralmente no período exílico. Desde então, o judaísmo é dividido em três grupos:

- *As pessoas do país*, os que ficaram na Judeia. Trata-se majoritariamente dos pobres, dos trabalhadores agrícolas, para quem paradoxalmente a ocupação babilônia foi uma oportunidade. De fato, os babilônios confiaram a gestão das terras a esta população local, que também herdou domínios que outrora eram propriedade dos notáveis de Jerusalém deportados ao exílio. No entanto, a situação deles permanece precária. O desaparecimento das elites, tanto políticas quanto religiosas, deixa esse povo mais ou menos abandonado. No entanto, é possível que uma vida de culto tenha sido retomada *à mais simples expressão* nos antigos santuários javistas fechados no tempo de Josias.
- *Os refugiados no Egito*: nem todos os Judeus esperaram a segunda tomada de Jerusalém para encontrar refúgio em regiões mais hospitaleiras. Muitos foram para o Egito, inimigo declarado da Babilônia. Foram bem

acolhidos no reino que lhes confiaria terras para cultivar e cuidar. Esses Judeus formam a vanguarda da mais importante comunidade que brilharia no Egito na época persa e grega.

- *Os deportados para a Babilônia* formavam a elite da nação. A situação deles evoluiu rapidamente. No início foram levados como prisioneiros para os lugares de instalação, muitos dentre eles empregados nos trabalhos de envergadura empreendidos por Nabucodonosor. Progressivamente se aclimataram no país e adquiriram mais liberdade. Os documentos Babilônios, como os arquivos do banco Murashu, mostram a rápida adaptação desta comunidade. A família real deportada encontrou um regime bastante favorável na corte babilônica.

Os exilados foram imersos no coração de uma civilização brilhante e num país rico. Às vezes, tudo isso é muito tentador, ainda mais que a destruição do templo e o exílio tornaram difícil a vida religiosa da comunidade dos deportados. Não era mais possível oferecer sacrifícios e celebrar a liturgia habitual. Era preciso inventar um novo modo de celebrações. As reuniões da comunidade judia no exílio eram feitas frequentemente às margens da água, e a leitura da Torá substituía o culto sacrificial. Temos, talvez, um reflexo dessas reuniões no Salmo 137: "Às margens dos rios da Babilônia, sentávamos e chorávamos, lembrando-nos de Sião". A reorganização desta liturgia, que é a ancestral da liturgia sinagogal, evitava que muitos dos exilados se deixassem seduzir pelas brilhantes liturgias dos deuses babilônios. Ela sustentava também um certo espírito de resistência:

YHWH, pensa nos filhos de Edom, que diziam no dia de Jerusalém: "Arrasai! Arrasai até os fundamentos!" Filha da Babilônia prometida para a destruição: feliz aquele te tratar como tu nos trataste! Feliz aquele que pegar tuas criancinhas e arremessá-las contra a rocha! (Sl 137,7-9)

Duas tendências se desenvolveram na comunidade exílica:

- Alguns fizeram o jogo do mapa da assimilação ao modo de vida dos babilônios, estimando que poderiam permanecer judeus vivendo no meio de nações pagãs. Encontramos um eco desse modo de pensar no livro de Ester, que ensina que, em situação extrema, uma judia pode se tornar rainha de um império pagão, vivendo conforme os costumes pagãos, mas permanecendo fiel a seu povo e terminando por salvá-lo. Do lado egípcio, a mesma lição é desenvolvida na história de José (Gn 39-50).
- Para proteger sua identidade, outros vão adotar um modo de vida distanciando-se o máximo possível dos hábitos pagãos, sobretudo, das interdições alimentares e o respeito absoluto pela circuncisão. O livro de Tobias mostra como o deportado é destinado a viver em semiclandestinidade para cumprir os ritos de sepultamento próprios à comunidade.

É no seio desta comunidade do exílio que se vai começar a refletir sobre as razões da catástrofe que a conduziu à perda total, mesmo Israel sendo o povo de Deus. Como explicar esse fracasso? Quem era responsável?

Ezequiel acompanhou essa comunidade exilada durante uns vinte anos. Ao mesmo tempo, denunciou as disfunções que culminaram na sanção e reconfortou os exilados, mostrando que um futuro mais favorável poderia se abrir para eles.

O texto hebraico do livro de Ezequiel é bastante difícil de ler em certas seções, e é provável, como para o livro de Jeremias, que a tradução grega da Setenta tenha conservado uma forma mais antiga do texto. Ezequiel é um profeta muito conhecido em Qumran, e as obras encontradas fazem frequentes citações de seu livro. Mas infelizmente as grutas não continham nenhum exemplar completo do livro, somente alguns fragmentos.

O plano do livro se articula em torno de várias grandes partes:

- Relato da visão inaugural (1-3)
- Profecias contra Jerusalém (4-24)
- Oráculos contra as nações (25-32)
- Oráculos por ocasião do cerco de Jerusalém (33-39)
- Descrição do Templo e da comunidade futura (40-48)

Como para os outros grandes profetas, a história redacional do livro é muito complexa. Sobre a base de uma coleta de profecias atribuídas ao profeta, os judeus regressados do exílio para Jerusalém no início do período persa desenvolveram uma teologia que valorizava essa comunidade em detrimento dos habitantes da terra. Em seguida, o livro será retomado para ampliar as promessas ao conjunto das comunidades exiladas, e não somente aos judeus vindos da Babilônia. Depois a coleção dos oráculos contra as nações é unida à compilação. O *status* dos capítulos 40 a 48, muito específico do livro de Ezequiel, permanece ainda objeto de controvérsias na pesquisa dedicada à formação da obra.

Quem é o responsável pela catástrofe?

A mensagem do livro de Ezequiel se desenrola em diversas direções. A própria presença de um profeta na terra do exílio é em si uma mensagem favorável. Isso significa que Deus não abandona seu povo. Será mesmo precisamente essa porção exilada que constitui o verdadeiro povo de Deus? Para sustentar esta leitura, o profeta descreve a partida da glória divina (Ez 10). Deus deixa o seu templo antes de ele cair nas mãos de Nabucodonosor. Toma também o caminho para a Babilônia. Assim, a cidade de Jerusalém está vazia da presença divina, uma vez que ele acompanha os exilados, sinal do favor com que são beneficiados.

A profecia de Ezequiel durante o reino de Sedecias é muito crítica a respeito dos habitantes de Jerusalém. Como Jeremias, ele anunciou que o pior para a cidade estava por vir. E, para fazê-lo, o profeta apresentou sua palavra com gestos às vezes estranhos: imitou a partida dos deportados (Ez 12,1-16) para significar a futura deportação de 587. Ele cortou seu cabelo em três partes para dizer do trágico destino dos habitantes de Jerusalém:

> Por esta razão, os pais devorarão os filhos no meio de ti, e os filhos devorarão os pais. Assim, executarei contra os meus julgamentos e espalharei para todos os ventos o que restar de ti. Eis porque – por minha vida, oráculo do Senhor YHWH – visto que profanaste meu santuário com todos os ritos detestáveis e com todas as abominações, também eu te rejeitarei; também eu não te pouparei. A terça parte dos teus habitantes morrerá pela peste e perecerá de fome no meio de ti; outra terça parte cairá pela espada em torno de ti; finalmente, a outra terça parte, a espalharei a todos os ventos e desembainharei a espada atrás

> deles. Assim, cumprirá a minha ira, saciarei a minha cólera neles e ficarei satisfeito. Então saberão que eu, YHWH, falei no meu zelo, cumprindo minha ira contra eles. (Ez 5,10-13)

Após 587, o tom muda. O profeta empreende uma reflexão sobre os fatores que levaram à catástrofe (Ez 16; 20; 23). Para ele, o exílio é o justo castigo pelas infidelidades de Israel. Os reis são, particularmente, os responsáveis. Enquanto o Senhor os havia estabelecido como pastores protetores do rebanho, exploraram-no como os maus pastores:

> A palavra de YHWH me foi dirigida nestes termos: Filho do homem, profetiza contra os pastores de Israel, profetiza e dize-lhes: Pastores, assim diz o Senhor YHWH: Ai dos pastores de Israel que apascentam a si mesmos! Não devem os pastores apascentar o seu rebanho? Vós vos alimentais com leite, vos vestis com lã e sacrificais as ovelhas mais gordas, mas não apascentais o rebanho! Não restaurastes o vigor das ovelhas abatidas, não curastes a que está doente, não tratastes a ferida da que sofreu fratura, não reconduzistes a desgarrada, não buscastes a perdida, mas dominastes sobre elas com dureza e violência. Por falta de pastor, elas dispersaram-se e acabaram por servir de presa para todos os animais do campo; e se dispersaram. (Ez 34,1-5)

A provação terá um fim

Ezequiel começou igualmente a vislumbrar o fim do exílio. A célebre visão dos ossos ressequidos (Ez 37,1-14) descreve essa libertação como uma sorte de túmulo, uma vez que o próprio Israel exilado se considerava como morto. O profeta vislumbrou uma renovação da aliança numa perspectiva bastante próxima de Jeremias. Era preciso que a aliança atingisse o coração do homem e não ficasse na periferia:

> Dar-vos-ei um coração novo, porei no vosso íntimo um espírito novo, tirarei do vosso peito o coração de pedra e vos darei coração de carne. Porei no vosso íntimo o meu espírito e farei com que andeis de acordo com os meus estatutos e guardeis as minhas normas e as pratiqueis. (Ez 36,26-27)

Os últimos capítulos do livro (Ez 40-48) descrevem o Israel utópico que renasceria desta aliança restaurada. No centro se encontraria um templo gigantesco, construído como uma fortaleza. O acesso a esse templo seria estritamente controlado pelos sacerdotes e os levitas. O autor desses capítulos manifesta uma preocupação quase obsessiva pela pureza ritual. Nada de impuro deveria contaminar o santuário e o clero. Ao redor do templo, o país se organizaria em "tribos", como antes do período monárquico. Nada de rei nesse futuro estado, mas simplesmente um "príncipe" cuja atividade seria reduzida a um papel menor na liturgia do templo. Esses capítulos visam, sobretudo, a instauração de uma teocracia: Deus reinando a partir do santuário e por meio de seus sacerdotes.

O dêutero-Isaías: o anúncio de uma boa-nova

O dêutero-Isaías é de fato um profeta anônimo cuja obra se encontra hoje essencialmente presente nos capítulos 40-55 do livro de Isaías (ver p. 41). Segundo as informações dadas por esses capítulos, ele aparece em atividade em torno do exílio na Babilônia por volta dos anos 550-540.

Ao longo desses anos, a situação geopolítica do Antigo Oriente evoluiu rapidamente em razão da ascensão ao poder do rei de Anshan, o futuro rei da Pérsia, Ciro. Ele começou sua ascensão como vassalo do rei dos Medos Astíages. Os Medos eram inimigos da Babilônia e os Babilônios armaram e financiaram Ciro para que ele se rebelasse contra Astíages. Agindo rapidamente, Ciro se apoderou da Média a partir de 550. Em vez de reduzi-la a cinzas, assimilou-a a seu próprio território e se fez reconhecer como rei dos Medos e dos Persas; foi bem acolhido pelos Medos, dada a grande impopularidade de Astíages.

Durante alguns anos, Ciro ganhou terreno na Ásia Menor, apoderando-se, sobretudo, da cidade de Sardes e do tesouro legendário de seu rei Creso. Desde então, no comando de um vasto território, rico e dotado de um exército poderoso, Ciro pôde desafiar o império babilônio. Este estava bem enfraquecido desde a época de Nabucodonosor. O rei Nabônides, que usurpou o poder, abandonou durante vários anos, sua capital, arruinando, assim, o moral de seus habitantes. Ele tinha como apoio o poderosíssimo clero de Marduk, a principal divindade da Babilônia. Outros conflitos o opuseram aos grandes santuários de seu império cujas estátuas ele espoliou. Nabônides foi rapidamente derrotado pelos exércitos de Ciro na batalha de Opis em 539. O governador da Babilônia abriu, então, a cidade para Ciro e ele serviu-se do tempo necessário para preparar a opinião pública. Seu serviço de propaganda o apresentava como enviado de Marduk, encarregado de restaurar o poder da divindade na cidade. Operação frutuosa que permitiu a Ciro entrar na Babilônia não como um conquistador, mas como um libertador sob as aclamações do clero de Marduk, sem que a cidade arcasse com as custas da pilhagem ou da destruição. Ciro libertou os povos retidos pelos babilônios e restitui as estátuas e objetos de culto de que Nabônides havia se apropriado. Os judeus exilados se beneficiaram igualmente dessa medida em 538. Puderam doravante regressar a Jerusalém, e Ciro devolveu a eles os objetos cultuais do templo de Jerusalém pilhados por Nabucodonosor. Foi o fim do exílio.

Na Babilônia, a comunidade judia prosperou muito durante o exílio. A segunda e a terceira gerações se instalaram permanentemente e se adaptaram bem ao seu ambiente. Alguns abandonaram a lembrança de Jerusalém e frequentavam os santuários das divindades babilônias. Após 40 anos de exílio, outros se sentiram abandonados por seu Deus e consideraram que ele era injusto ou que não chegava aos pés de Marduk. O profeta, então, se dirigia a uma comunidade hostil ou indiferente, que não esperava mais grande coisa do futuro. Aparentemente ninguém parecia compreender que em breve Ciro derrotaria o império babilônio e, assim, obteria a libertação dos exilados.

Do dêutero-Isaías não se conhece muita coisa. Enquanto profeta, parece alvo da hostilidade de seus correligionários (Is 50,4-11). Mesmo anunciando uma boa-nova, sua mensagem não é recebida. Ele se voltava, então, para um pequeno grupo de destinatários, discípulos ou justos que seriam os beneficiários últimos dessas promessas de restauração.

Os capítulos 40-55 são organizados em duas grandes seções:

- Os capítulos 40-48, nos quais se encontra o eco de controvérsias com um auditório pouco disposto a se deixar convencer pela mensagem de esperança do profeta.
- A partir do capítulo 49 o tom muda. Os temas polêmicos do início do livro não são retomados. Não parece necessário convencer o auditório de que Ciro é

exatamente aquele que o Senhor designou para salvar o seu povo do exílio. Trata-se, ao contrário, de encorajar um pequeno grupo de justos, uma minoria frequentemente perseguida por outros exilados em desacordo com aquela maneira de ver.

O tempo da consolação

Em princípio, a mensagem do dêutero-Isaías é uma mensagem de consolação, como indicam os primeiros versículos do livro:

> Consolai, consolai meu povo, diz vosso Deus, falai ao coração de Jerusalém e dizei-lhe em alta voz que seu serviço está cumprido, que sua iniquidade foi expiada, que ela recebeu da mão de YHWH paga dobrada por todos os seus pecados. (Is 40,1-2)

O tempo do castigo passou. Nesse momento era preciso encarar a próxima restauração de Israel sobre sua terra.

Para fazê-lo, Deus enviara o rei da Pérsia, Ciro. Numerosos oráculos anunciavam os sucessos futuros desse conquistador sem igual. Sua vinda não era temida, pois ele não vinha para semear a destruição. Ciro era um autêntico servidor de Deus:

> Eis o meu servo que eu sustento, o meu eleito, em quem tenho prazer. Pus sobre ele o meu Espírito, ele trará o direito às nações. Ele não clamará, não levantará a voz, não fará ouvir a voz nas ruas; não quebrará a cana rachada, não apagará a mecha bruxuleante, com fidelidade trará o direito. Não vacilará nem desacorçoará até que estabeleça o direito na terra, e as ilhas aguardem seu ensinamento. Assim diz Deus, YHWH, que criou os céus e os estendeu, que firmou a terra e o que ela produz, que deu o alento aos que a povoam e o sopro da vida aos que

> se movem sobre ela. Eu, YHWH, te chamei para o serviço da justiça, tomei-te pela mão e te modelei, eu te constituí como aliança do povo, como luz das nações, a fim de abrires os olhos aos cegos, a fim de soltares dos cárceres os presos, e da prisão os que habitam nas trevas (Is 42,1-7).

Ciro é igualmente qualificado de pastor (Is 44,28) e de messias de Deus (Is 45,1). Esses títulos, classicamente associados ao rei Davi e aos seus descendentes, são agora atribuídos a um rei pagão, o que não deixa de suscitar certa indignação entre o auditório.

Mas Ciro não é o único servidor de Deus. O servo é também identificado com os justos de Israel (Is 49,1-6) ou com o próprio profeta (Is 50,4-11). No celebérrimo canto do servo sofredor (Is 52,13; 53,12), o profeta descreve a ascensão de um personagem humilhado e rejeitado cujo sofrimento realiza a redenção de Israel.

Um só Deus para todos os povos

O dêutero-Isaías testemunha a passagem da monolatria (adorar um só Deus por vez) ao monoteísmo (afirmar a existência de um só Deus). Para ele, as divindades das nações não existem. São produtos da imaginação humana materializada por estátuas que são apenas objetos manufaturados e destrutíveis. Existe apenas um só Deus. E, se há um só Deus, ele é inevitavelmente o Deus de todos os homens, mesmo daqueles que ainda não o conhecem. É exatamente esta a missão dos justos de Israel: fazer todos os povos conhecerem esse Deus.

Para o dêutero-Isaías, o Deus único se revela como Deus criador e redentor:

- Deus criador: ele é quem fez tudo, a terra e o céu. É também o criador do ser humano, de toda a humanidade. Afirmando que há um só Deus, atesta que ele é pai de todos os povos. O dêutero-Isaías vai mais além da relação particular Deus/Israel. A particularidade de Israel não é ter "seu" Deus, mas conhecer de maneira privilegiada o único Deus criador de todos os homens, e, portanto, Deus de todos os homens.
- Deus redentor: o poder de Deus se revela a todos os homens (pagãos e Israel) mediante uma obra de libertação. Trata-se de libertar o seu povo utilizando como libertador um pagão que não lhe pertence. Enfim, Deus poderá ser qualificado de "justo e salvador" por todas as nações.

Ageu e Zacarias: é tempo de reconstruir

Em 538, o edito de Ciro (Esd 1,1-4) que concede liberdade aos judeus exilados da Babilônia marcou o fim do exílio. Ao menos para aqueles que desejassem fazer o caminho de regresso, o que estava longe de ser a maioria dos exilados. Muitos pareciam pouco desejosos de deixar uma vida confortável para ir habitar numa cidade em ruínas.

Uma primeira tentativa de retorno aconteceu em 538 sob a guia de um príncipe davídico nomeado Sesbasar que seria o primeiro governador da Judeia no período persa. Dotado de poucos meios, o governador conseguiu apenas pôr em serviço um altar para o culto sacrificial. O curto reinado de Cambises (530-522) não permitiu dar sequências às operações de retorno. Em 522, uma nova dinastia tomou o poder do império persa com

Dario I. Ele foi contestado e precisou dominar várias revoltas. Somente em 520 que o poder parecia estar em suas mãos.

Sob seu reino, a Judeia foi objeto de um vasto empreendimento de reconstrução, conduzido, conjuntamente, pelo governador Zorobabel, um descendente de Davi; e o sumo sacerdote Josué, descendente do último sumo sacerdote antes do exílio. O principal objetivo deles era a reconstrução do Templo. As operações começaram em 520 e o novo edifício seria inaugurado em 515. Nesse interim, Zorobabel parece ter saído de circulação e somente Josué é mencionado na dedicação do santuário.

Os profetas Ageu e Zacarias são estritamente contemporâneos. Seus oráculos, datados com precisão, cobrem o período que vai de 29 de agosto de 520 a 7 de dezembro de 518.

Cada um a seu modo, esses dois profetas encorajaram Zorobabel e Josué a levarem adiante a reconstrução do templo. Esse encorajamento parece necessário, porque os judeus que regressaram do exílio, assim como os habitantes do país, pareciam pouco dispostos a investir nesse grande trabalho, uma vez que a situação econômica da Judeia era muito precária.

Os dois profetas consagraram igualmente alguns oráculos para legitimar Zorobabel e Josué. Os oráculos sobre Zorobabel constituem um verdadeiro problema, pois apresentam o governador como um candidato à restauração da monarquia davídica:

> A palavra de YHWH foi dirigida, segunda vez, a Ageu, no vigésimo quarto dia do mês, nos seguintes termos: Fala assim a Zorobabel, governador de Judá: "Abalarei o céu e a terra. Derrubarei o trono dos reinos e destruirei o poder dos reinos das nações. Derrubarei os carros e aqueles que os montam; os cavalos e seus cavaleiros cairão, cada qual pela espada de seu irmão. Naquele dia – oráculo de YHWH dos Exércitos – tomarei Zorobabel, filho de Salatiel, meu

servo – oráculo de YHWH – e farei de ti um sinete. Porque foi a ti que escolhi, oráculo de YHWH dos Exércitos". (Ag 2,20-23)

Não se sabe se Zorobabel tentou restaurar a monarquia, o que seria considerado alta traição pelo império persa. Seja como for, Zorobabel nunca reinou como rei de Judá, e esses oráculos foram considerados mentiras, levando, por isso, uma responsabilidade no declínio da profecia em Israel.

A primeira parte do livro de Zacarias (Zc 1-8) trata igualmente da reconstrução do templo, e também mais amplamente da reconstrução da cidade. O profeta entrevê um futuro glorioso para Jerusalém, transbordando de população, mesmo que por hora ela fosse um monte de ruínas. O livro trata também de problemas aos quais a comunidade regressada do exílio deveria enfrentar, como a questão dos dias de jejum.

Os últimos capítulos do livro são atribuídos a um outro autor nomeado, na falta de melhor nome, de dêutero-Zacarias. Nesse caso a profecia é muito diferente, retomando muitos dos temas pré-exílicos. Encontra-se aí um oráculo messiânico célebre:

> Exulta muito, filha de Sião! Grita de alegria, filha de Jerusalém! Eis que o teu rei vem a ti: ele é justo e vitorioso, humilde, montado sobre um jumento, sobre um jumentinho, filho da jumenta. (Zc 9,9)

Este oráculo é completado por uma lamentação também célebre:

> Derramarei sobre a casa de Davi e sobre todo habitante de Jerusalém um espírito de graça e de súplica, e eles olharão para mim. A respeito daquele que transpassaram, o lamentarão

> como se fosse a lamentação por um filho único; o chorarão como se chora sobre o primogênito. (Zc 12,10)

O trito-Isaías e Malaquias: reconstruir, mas para ir aonde?

A terceira parte do livro de Isaías (Is 56-66, ver p. 40-41) se situa igualmente no contexto de um Israel regressado à sua terra. O templo foi reconstruído, e a história parece dividida como antes do exílio. Tudo isso não é, todavia, uma boa-nova para o trito-Isaías. O profeta denuncia as graves disfunções nesse Israel pós-exílio. Parece se posicionar contra as escolhas dos reformadores Esdras e Neemias que expulsaram da Judeia os estrangeiros e os judeus culpados de matrimônios mistos. Ao contrário, para o trito-Isaías o templo deveria acolher todo mundo, inclusive os "filhos do estrangeiro":

> Quanto aos estrangeiros, ligados a YHWH para servi-lo, para amar o nome de YHWH e tornar servos seus, todos aqueles que observam o sábado sem profaná-lo, firmemente ligados à minha aliança, trá-los-ei ao meu monte santo e os cobrirei de alegria na minha casa de oração. Seus holocaustos e sacrifícios serão bem aceitos em meu altar. Com efeito, minha casa será chamada casa de oração para todos os povos. (Is 56,6-7)

Do mesmo modo, o profeta denuncia uma prática muito hipócrita do jejum:

> E perguntam: "Por que jejuamos e tu não o vês? Mortificamo-nos e tu não tomas conhecimento disso?" A razão está em que, no mesmo dia do vosso jejum, correis atrás dos vossos negócios e explorais os vossos trabalhadores; a razão está em que jejuais para entregar-vos a contendas e rixas, para ferirdes com

> punho perverso. Não continueis a jejuar como agora, se quereis que a vossa voz seja ouvida nas alturas! Por acaso é este o jejum que eu escolhi, o dia em que o homem se mortifique? Por acaso a esse inclinar a cabeça como um junco, a esse fazer a cama sobre pano de saco e cinza, acaso é isso que chamas jejum e dia agradável a YHWH? (Is 58,3-5)

A crítica do trito-Isaías é igualmente feita ao culto realizado no Templo, com termos particularmente duros:

> Consenti em ser buscado por aqueles que não perguntavam por mim, consenti em ser encontrado por aqueles que não me procuravam. A uma nação que não invocava o meu nome eu disse: Eis-me aqui! Eis-me aqui! Todos os dias estendi a mão a um povo rebelde, que andava por caminho que não era bom, correndo atrás dos seus próprios pensamentos; a um povo que me provoca de frente sem cessar, sacrificando nos jardins, queimando incenso sobre lajes, que habita nos sepulcros, passando a noite nos cantos, comendo carne de porco, pondo em seus pratos postas impuras. (Is 65,1-4)

O profeta se faz eco de uma certa decepção no fim do retorno do exílio. Está-se longe da realização das promessas do dêutero-Isaías. Desde então, as promessas feitas a todo o povo são destinadas somente aos justos de Israel. A salvação não virá do templo, mas desse pequeno remanescente.

A mesma desilusão se faz sentir no último profeta do Antigo Testamento, Malaquias. Provavelmente ele entra em atividade por volta do ano 450. O livro, composto somente de três capítulos, apresenta muitas polêmicas com os interlocutores do profeta. Os sacerdotes são acusados de desprezar o santuário e, consequentemente, o Senhor:

> Um filho honra seu pai, um servo teme seu senhor. Mas, se sou pai, onde está minha honra? Se sou senhor, onde está o meu temor? Disse YHWH dos Exércitos a vós, os sacerdotes que desprezais o meu Nome. – Mas vós dizeis: "Em que desprezamos o teu Nome?" (Ml 1,6)

Eles oferecem ao Senhor animais doentes e guardam para si o melhor gado. A situação chegou a tal ponto que o melhor seria fechar o templo a continuar oferendo semelhantes sacrifícios (Ml 1,10).

Malaquias mantém a esperança de uma intervenção próxima do Senhor no contexto do julgamento final. Para preparar esse julgamento, prevê o retorno à terra do profeta Elias, outrora elevado junto a Deus. Este oráculo importante (Ml 3,23) será retomado nos Evangelhos, aplicando-se, dessa vez, a João Batista (Mt 11,13, por exemplo).

O livro de Malaquias fecha a coleção dos profetas. Não parece que outras vozes proféticas se fizeram ouvir após ele até o limiar do Novo Testamento. Doravante, a literatura apocalíptica vai suceder ao profetismo, culminando especialmente com o livro de Daniel. Somente com João Batista é que a voz dos profetas se fará ouvir de novo em Israel.

4

A política e o lugar das nações

Se há um domínio em que os profetas se engajam muito particularmente, é o do poder político, particularmente quando exercido por um rei. Segundo o livro de Samuel, é um profeta que está na origem da realeza. Depois do pedido do povo de ter um rei para ser como todas as outras nações, o Senhor dá a ordem ao profeta Samuel de designar o primeiro rei de Israel. À primeira vista, esse pedido de um rei parece suspeito. É interpretado como rejeição à soberania divina:

> Desagradou a Samuel que eles dissessem: "Dá-nos um rei para nos julgar. E Samuel intercedeu junto a YHWH. YHWH disse a Samuel: Escuta a voz do povo em tudo aquilo que te pedem. Não é a ti que rejeitam, mas a mim. Não querem mais que eu reine sobre eles". (1Sm 8,6-7)

A instância crítica da realeza

Pelo bem ou pelo mal, Samuel vai designar Saul como primeiro rei de Israel. Após um início correto, as coisas vão rapidamente se deteriorar. Saul age por própria conta e desobedece às ordens divinas. Samuel irá, então, destituí-lo em favor de outro candidato mais promissor, Davi. Esses relatos do livro de Samuel dão uma ideia das relações que vão se estabelecer entre profetas e reis. O rei terá frequentemente necessidade de uma garantia profética para firmar sua legitimidade. Por sua vez, o profeta poderá fazer ou desfazer reis. À primeira vista, o profeta aparece como uma instância crítica da realeza.

Esta crítica pode até implicar o profeta em uma mudança de regime. Sob a ordem do Senhor, vários profetas organizam golpes de estado para afastar tal ou tal monarca muito problemático. É o caso do profeta Aías, que incita Jeroboão a reivindicar para si a maior parte do reino de Salomão (1Rs 11,29-31). Mais significativo ainda é o golpe de estado realizado pelo profeta Elias. Trata-se de derrubar ao mesmo tempo o rei de Israel e o rei de Damasco:

> YHWH lhe disse: "Vai, retoma teu caminho na direção do deserto de Damasco. Irás ungir Hazael como rei de Aram. Ungirás Jeú, filho de Namsi, como rei de Israel, e ungirás Eliseu, filho de Safat, de Abel-Meolá, como profeta em teu lugar. Quem escapar à espada de Hazael, Jeú o matará, e o que escapar da espada de Jeú, Eliseu o matará". (1Rs 19,15-17)

Concretamente, é Eliseu, sucessor de Elias, que vai incitar Jeú a se revoltar contra o rei de Israel. O golpe de estado de Jeú vai ser particularmente sangrento (2Rs 9,14-28). Mesmo o rei de Judá em visita diplomática ao confrade de Israel deixará ali sua vida!

Compreende-se melhor a inquietação do sumo sacerdote Amasias quando o profeta Amós anuncia: "Os lugares altos de Isaac serão devastados, os santuários de Israel serão arrasados e eu me levantarei com a espada contra a casa de Jeroboão" (Am 7,9). Para Amasias, o profeta está conspirando contra o rei Jeroboão, que é o descendente de Jeú. O que um profeta fez, outro pode desfazer. Daí a decisão imediata de expulsar o profeta do santuário de Betel com um argumento preciso: "Mas em Betel não podes mais profetizar, porque é santuário do rei, um templo do reino" (Am 7,13). Dito de outra maneira, é o rei (e não o Senhor) que é o verdadeiro chefe do santuário. No caso de mudança de dinastia, o novo monarca mudará certamente os sacerdotes que estão em função no templo. Amasias e Jeroboão têm todo interesse de que o discurso subversivo de Amós não continue.

Contemporâneo de Amós, Oseias analisa com mais precisão as disfunções dos reis de Israel. Ele os adverte sobre a má conduta de seus reinos, sobretudo no domínio do controle dos cultos estrangeiros. Eles deixavam (ou até encorajavam) os deuses cananeus concorrerem com o culto a YHWH. Mostraram-se igualmente infiéis cortejando as grandes potências da época, esperando encontrar segurança mediante alianças que não eram sequer capazes de honrar (segundo 2Rs 17,4, o último rei de Israel assinou um pacto com o rei de Assíria, mas o traiu em benefício do Egito). O profeta questiona até mesmo da legitimidade do rei:

> Eles instituíram rei sem meu consentimento, escolheram príncipes, mas não tive conhecimento. De sua prata e de seu ouro fizeram ídolos para si, para que sejam destruídos. (Os 8,4)

No livro de Isaías, a relação profeta/rei toma outra forma. Isaías é um conselheiro real e põe seu ministério profético a serviço dos monarcas de Judá. O profeta busca guiar o rei quando ele deve fazer uma escolha para o futuro do país.

Isaías assume, então, uma função clássica no Antigo Oriente Próximo. Antes de partir para a guerra ou assinar um tratado, os reis devem saber se sua divindade tutelar é favorável a essa empresa. A missão do profeta é fornecer ao rei a possibilidade de consultar a divindade.

Evidentemente, nem sempre o profeta oferece a resposta esperada:

> O rei de Israel reuniu os profetas em número de quatrocentos aproximadamente e perguntou-lhes: "Devo atacar Ramot e Galaad ou deixar de fazê-lo?" Responderam: "Sobe, YHWH a entregará nas mãos do rei". Mas Josafá disse: "Acaso existe aqui outro profeta de YHWH pelo qual possamos consultá-lo?" O rei de Israel respondeu a Josafá: "Há ainda um pelo qual se pode consultar YHWH, mas eu o odeio, pois, jamais profetiza o bem a meu respeito, mas sempre a desgraça: é Miqueias, filho de Jemla". (1Rs 22,6-8)

De fato, o profeta vai dar ao rei um parecer contrário ao seu desejo, o que, aliás, o conduzirá à cólera desse último. Nunca é prudente dizer a um poderoso o que ele não deseja ouvir...

Mas nem sempre os reis solicitam o parecer de seus conselheiros. Também Isaías assume a responsabilidade de ir se encontrar com Acaz quando o rei está preparando Jerusalém para enfrentar um cerco perigoso (Is 7,1-4). O profeta aconselha-o a pôr sua confiança no Senhor e a não se preocupar além da medida da guerra que se prepara. Eis que o rei não escutará sua palavra e preferirá fazer aliança com a Assíria. Isso levará o profeta a anunciar ao rei as consequências desastrosas de sua escolha (Is 7,16-20).

O rei Ezequias consulta Isaías em circunstâncias quase similares (Is 37,1-2). Desta vez, parece que o rei deu algum crédito à palavra profética. É verdade que Ezequias é apresentado pelo livro dos Reis como um modelo exemplar. O profeta Isaías é sempre mais crítico em relação ao monarca. Cada vez que Ezequias deseja conduzir sua política contra os projetos divinos, é chamado à ordem, como quando deseja o apoio do Egito para preparar sua revolta contra a Assíria (Is 30,1-5).

Enquanto conselheiro, o profeta dá ao rei um elemento de informação que nenhum outro colaborador pode oferecer: uma revelação sobre a intervenção divina no seio da história dos homens. Segundo os profetas, Deus age por meio das nações. Ele pode suscitar tal ou tal rei para castigar ou para salvar. A partir disso, opor-se a certo rei seria apostar no fracasso. Contudo, se Deus decidiu proteger Israel, nenhum monarca humano poderá vencê-lo.

As questões de política estrangeira ou de idolatria não são os únicos problemas postos pelos reis. Eles podem igualmente abusar do poder em benefício próprio. É o que sobretudo Jeremias reprova de Joaquim:

> Ai daquele que constrói seu palácio desprezando a justiça e amontoa seus andares a despeito do direito, que obriga os outros a trabalhar de graça, sem pagar-lhes salário; que diz: "Vou construir para mim uma casa vasta, com andares espaçosos", que nela abre janelas, reveste-a de cedro e pinta-a de esmalte vermelho. Acaso pensas garantir teu reinado distinguindo-te pelo cedro? Teu pai acaso não comia, bebia, defendia o direito e a justiça, e não foi bom para ele? Ele defendia a causa do humilhado e do pobre. E foi bom! Conhecer-me não é isto? – oráculo de YHWH. Só tens olhos e coração para o lucro, para derramar o sangue do inocente, para agir com brutalidade e selvageria. Pois bem, assim fala YHWH a respeito de Joaquim,

> filho de Josias, rei de Judá. Não se entoe para ele a elegia: "Que dor, meu senhor! Que dor, Majestade" Será enterrado como se enterra um jumento! Será arrastado e lançado fora das portas de Jerusalém! (Jr 22,13-19)

Muito claramente, semelhante discurso pode pôr o profeta em grave perigo de represálias. Os reis não se furtam em perseguir os profetas e de buscar reduzi-los ao silêncio. Em seu tempo, Elias teve de fugir da cólera do rei Acab e da rainha Jezabel. Aliás, o rei o considerava seu inimigo (1Rs 21,20). Se Amós foi simplesmente expulso, Jeremias é objeto das mais graves perseguições. Na ocasião do cerco de Jerusalém, ele é acusado de ser um agente dos babilônios e é preso (Jr 37,11-16). Essa prisão não o impede de continuar a fazer ouvir sua voz. Então sua mensagem é julgada tão incômoda que ministros pedem e obtêm do rei sua morte (Jr 38). Felizmente, para o profeta, Sedecias é um rei fraco, e os amigos de Jeremias puderam pleitear sua causa e fazê-lo ser libertado antes que fosse muito tarde. Alguns profetas não tiveram essa chance, como Isaías, de quem a tradição conserva a lembrança da execução pelo rei Manassés.

Pensar o lugar dos pagãos

Muitos dos livros proféticos têm oráculos sobre as nações pagãs. Esses oráculos podem ser reagrupados em vastas seções temáticas estendendo-se sobre vários capítulos. O livro de Naum pode até mesmo ser considerado inteiramente uma profecia dirigida contra Nínive.

Já no Egito, os "textos de execrações" reuniam listas de povos inimigos. Os nomes eram inscritos sobre um objeto que se queimava durante um ritual; a destruição do objeto simbolizava a destruição esperada das nações correspondentes. No entanto, é difícil encontrar nesses textos estereótipos ancestrais dos oráculos contra as nações dos profetas bíblicos. Estes oferecem composições muito mais elaboradas e argumentadas. Não é suficiente que uma nação estrangeira seja inimiga de Israel para que seja objeto de uma condenação.

Para nos convencermos disso, é suficiente se reportar aos oráculos contra as nações que formam a primeira parte do livro de Amós. Cada um dos países limítrofes de Israel é objeto de um curto oráculo que denuncia nesta nação um comportamento inaceitável aos olhos de Deus. Esses comportamentos são chamados de "rebeliões", como se o Deus de Israel fosse também o soberano desses países. Analisando as advertências feitas a esses povos, descobre-se que se tratam de delitos que situaríamos hoje na categoria de atentados contra os direitos humanos. No oráculo contra Moab (Am 2,1-3), a condenação recai sobre uma violação de sepultura que não diz respeito algum a Israel. O comportamento em questão é também inaceitável quando dirigido a um pagão.

Isso dito, muitas das nações visadas pelo profetismo pré-exílico são efetivamente inimigas de Israel ou de Judá. Pode igualmente tratar-se de grandes potências que têm Israel sob seu domínio. O Egito, a Assíria e Babilônia são particularmente bem contempladas em oráculos anunciando a próxima derrota desses impérios totalitários. A título de ilustração, o oráculo de Isaías sobre a Assíria:

> IYHWH dos Exércitos jurou, dizendo: Certamente o que projetei se cumprirá, aquilo que decidi se realizará. Desmantelarei a Assíria na minha terra, pisá-la-ei em meus montes. Seu jugo será removido do meu povo, seu fardo será removido de seus

> ombros. Este é o projeto que ele decidiu contra a terra inteira, e esta é a mão estendida contra todas as nações. Com efeito, YHWH dos Exércitos tomou uma decisão, quem a anulará? Sua mão está estendida, quem a fará recuar? (Is 14,24-27)

Os oráculos contra as nações podem servir ao rei para planejar inteligentemente sua política internacional. Para que fazer aliança com uma nação que se mostra incapaz de honrar seus compromissos ou proteger eficazmente seus aliados? Com este modo de pensar, Isaías e Jeremias vão alertar os reis de Judá contra uma aliança com o Egito para se opor aos impérios da Mesopotâmia. À primeira vista, esta aliança é considerada pouco fiável e não reflete absolutamente o projeto divino. É possível comparar, com mais de um século de distância, a opinião desses profetas:

> Ai dos filhos rebeldes – oráculo de YHWH – eles fazem projetos, mas não vindos de mim! Formam alianças, mas não sugeridas pelo meu espírito, que acumulam pecado sobre pecado! Sem me consultar, partem para descer ao Egito, buscando a proteção do faraó, procurando abrigo à sombra do Egito. Mas o socorro do faraó se vos tornará em vergonha, e o abrigo à sombra do Egito, em ultraje. Com efeito, seus príncipes estiveram em Soan, seus embaixadores chegaram até Hanes. Todos se desmoralizaram por causa de um povo que não os pode socorrer, que não lhes pode trazer ajuda nem proveito, mas antes vergonha e opróbrio. (Is 30,1-5)
>
> Palavra de YHWH dirigida ao profeta Jeremias a respeito das nações. Sobre o Egito. Contra o exército do faraó Necao, rei do Egito, que se encontrava perto do rio Eufrates em Carquemis, quando Nabucodonosor, rei da Babilônia, o derrotou no quarto ano de Joaquim, filho de Josias, rei de Judá. Preparai pequenos

> e grandes escudos, aproximai-vos para o combate! Selai os cavalos e montai, cavaleiros! Alinhai-vos, com os capacetes, afiai as lanças, vesti as couraças! Por que os vi tomados de pânico, voltando as costas? Seus guerreiros, derrotados, fugiram sem olhar para trás. Há terror por toda parte – oráculo de YHWH. Que o mais veloz não fuja e o mais valente não escape! Ao norte, às margens do Eufrates, eles vacilaram e caíram. (Jr 46,1-6)

Vários livros proféticos também propõem ver nessas nações estrangeiras como executoras da vontade divina. Pela mão desses poderosos impérios, o Senhor busca castigar ou salvar seu povo. Deste modo, para Isaías, o Egito e a Assíria, todas aparentemente grandes potências, são, para Deus, semelhantes a insetos ou a um animal ao qual se assobia para fazê-lo vir aos pés (Is 7,18). O grande rei da Assíria é apenas um instrumento nas mãos de Deus (Is 7,20). Um instrumento simplesmente "louvado", um pouco como um rascunho descartável do qual alguém se livra uma vez cumprida sua missão.

Em Jeremias, Babilônia representa a nação colocada sob as ordens do Senhor. No entanto, a linguagem é respeitosa. Nabucodonosor é um simples instrumento:

> Eu fiz a terra, o homem e os animais que estão sobre a terra por minha grande força e com o meu braço estendido, e os dei a quem me aprouve. Mas agora entreguei todas essas terras nas mãos de Nabucodonosor, rei da Babilônia, meu servidor; eu lhe entreguei também todos os animais do campo para servi-lo. Todas as nações o servirão, bem como seus filhos e netos até que chegue o tempo determinado para sua terra; então, numerosas nações e grandes reis o subjugarão. A nação ou reino que se recusar a servir a Nabucodonosor, rei da Babilônia, e não

> entregar seu pescoço ao jugo do rei da Babilônia, a tal povo eu castigarei pela espada, pela fome e pela peste – oráculo de YHWH – até que eu a consuma por sua mão. (Jr 27,5-8)

Aqui o rei da Babilônia é servidor do Senhor. Daí, opor-se a ele implica opor-se a Deus, o que não será sem consequência para Judá e para os outros povos. No entanto, a dominação babilônica não é anunciada como eterna. À sua vez, Babilônia será submetida a outros povos. Mas, naquele momento, o destino de Israel passava pela submissão a esta potência. Na Babilônia, o Senhor encontra seu povo no contexto do exílio. Também Jeremias vai encorajar os exilados a cooperar tanto quanto se pode com os seus novos mestres: "procurai a paz da cidade para onde vos deportei; rogai por ela a YHWH, porque a sua paz será a vossa paz" (Jr 29,7). Estamos muito longe da perspectiva do Salmo 137,9 em que se reza para que se esmague sobre a rocha os crânios dos recém-nascidos da Babilônia!

Os profetas do exílio vão retomar o tema das nações a serviço do Senhor. Israel não se encontra no exílio porque os babilônios foram mais fortes, mas antes porque foram mandados por Deus para castigar Israel. Deus poderá, portanto, agir de maneira análoga quando decidir libertar seu povo. No dêutero-Isaías, é o rei da Pérsia, Ciro, que vai se tornar não somente o servidor, mas também o pastor e o messias de Deus destinado a devolver sua terra a Israel. O profeta levanta, então, um interessante problema: o Senhor conhece Ciro e o chama por seu nome, mas em compensação Ciro ainda não conhece o Senhor:

> Assim diz YHWH ao seu ungido, a Ciro que tomei pela destra, a fim de subjugar a ele nações e desarmar reis, a fim de abrir portas diante dele, a fim de que os portões não sejam fechados. Eu

> mesmo irei na tua frente, aplainarei lugares montanhosos, arrebentarei as portas de bronze, despedaçarei as barras de ferro e dar-te-ei tesouros ocultos e riquezas escondidas, a fim de que saibas que eu sou YHWH, aquele que te chama pelo teu nome, o Deus de Israel. Foi por causa do meu servo Jacó, por causa de Israel, meu escolhido, que eu te chamei pelo teu nome, e te dou um nome ilustre, embora não me conheças. Eu sou YHWH e não há nenhum outro, fora de mim não há Deus. Embora não me conheças, eu te cinjo. (Is 45,1-5)

Para esse profeta estritamente monoteísta, o único Deus, o Deus de Israel, é também o Deus das nações pagãs. Mas essas não o conhecem ainda. Será necessário que Deus se revele a elas como se revelou a Israel. Para o dêutero-Isaías, a salvação diz respeito também aos pagãos:

> Reuni-vos e vinde! Chegai-vos todos juntos, vós, os que escapastes às nações! Não têm conhecimento os que carregam os seus ídolos de madeira, os que dirigem as suas súplicas a um deus que não pode salvar. Anunciai, trazei vossas provas, sim, tomem conselho entre si! Quem proclamou isso desde os tempos antigos? Quem o anunciou desde há muito tempo? Não fui eu, YHWH? Não há outro Deus fora de mim, Deus justo e salvador não existe, a não ser eu. Voltai-vos para mim e sereis salvos, todos os confins da terra, porque eu sou Deus e não há nenhum outro! (Is 45,20-22)

No retorno do exílio, o discurso profético sobre as nações vai oscilar entre rejeição e assimilação. Para Zacarias, o Senhor experimenta grande irritação face às nações "tranquilas" que não se preocupam com a reconstrução de Jerusalém (Zc 1,14-15). Mas o mesmo profeta considera que os pagãos buscarão Deus e por isso passarão pela mediação de Israel:

> E virão muitos povos e nações poderosas procurar YHWH dos Exércitos em Jerusalém e aplacar a face de YHWH. Assim disse YHWH dos Exércitos. Naqueles dias, dez homens de todas as línguas das nações agarrarão um Judeu pelas vestes, dizendo: "Nós iremos contigo, porque ouvimos que Deus está convosco". (Zc 8,22-23)

A segunda parte do livro considera até mesmo que os pagãos possam ser totalmente integrados a Israel a ponto de se tornar um clã (Zc 9,7).

A mesma perspectiva de uma conversão das nações se encontra no trito-Isaías (Is 60,3). Esses profetas anunciam a realização da oração enunciada no primeiro livro dos Reis:

> Mesmo o estrangeiro, que não pertence a Israel, teu povo, se vier de uma terra longínqua por causa de teu Nome, porque ouvirão falar de teu grande Nome, de tua mão forte e de teu braço estendido, se ele vier orar neste Templo, escuta no céu onde resides, atende todos os pedidos do estrangeiro, a fim de que todos os povos da terra reconheçam teu Nome e te temam como o faz Israel, teu povo, e saibam eles que este Templo que edifiquei traz o teu Nome. (1Rs 8,41-43)

Esses profetas testemunham, portanto, certa resistência quanto à opção sustentada pelos livros de Esdras e Neemias. Não consideram a mistura com os pagãos uma abominação e projetam uma participação ativa deles na salvação prometida a Israel. Às vezes, esse ponto de vista se insere em tensão, num mesmo livro profético, com os oráculos contra as nações prometendo um destino muito mais sombrio para os pagãos.

5

A sociedade civil

Os profetas não lidam apenas com os reis. Numerosos oráculos são endereçados ao povo de Israel em geral. Cada profeta possui, evidentemente, centros de interesse que lhes são próprios, mas algumas linhas gerais se encontram na maior parte dos livros proféticos.

As desigualdades sociais

Uma das principais queixas feitas à "sociedade civil" é seu caráter profundamente desigual. A grande riqueza dos nobres se relaciona com a extrema pobreza da maioria. Esses notáveis serão objeto de numerosos ataques proféticos. Não é reprovado que sejam ricos como eram, mas, antes, a origem de sua riqueza. Muito frequentemente ela provinha de uma exploração dos pobres. Sobre esse ponto, o livro de Amós é o mais explícito, com oráculos severos dirigidos aos poderosos do reino de Israel:

> Assim falou YHWH: "Por três crimes de Israel e por quatro, não o revogarei! Porque vendem o justo por dinheiro e o indigente por

um par de sandálias. Eles esmagam sobre o pó da terra a cabeça dos fracos e tornam torto o caminho dos pobres..." (Am 2,6-7)

Esses notáveis são impiedosos a ponto de tomar o manto, isto é, o único bem dos mais pobres (Am 2,8). Todas as ocasiões são boas para os explorar:

> Ouvi isto, vós que esmagais o indigente e quereis eliminar os pobres da terra, vós que dizeis: "Quando passará a lua nova, para que possamos vender o grão, e o sábado para que possamos vender o trigo, para diminuirmos o efá, aumentarmos o siclo e falsificarmos as balanças enganadoras, para comprarmos o fraco com dinheiro e o indigente por um par de sandálias e para vendermos o resto do trigo?". (Am 8,4-6)

A mesma avidez é denunciada por outros profetas, como no célebre oráculo de Miqueias que compara os notáveis aos abutres:

> E eu digo: "Ouvi, pois, chefes de Jacó e dirigentes da casa de Israel! Por acaso não cabe a vós conhecer o direito, a vós que odiais o bem e amais o mal, que lhes arrancais a pele, a carne de seus ossos? Aqueles que comeram a carne do meu povo, quebraram-lhe os ossos, cortaram-no como carne na panela e como vianda dentro do caldeirão..." (Mq 3,1-3)

Uma justiça corrompida

Esta triste situação vai de par com a corrupção da justiça, outro tema frequentemente abordado pelos livros proféticos. Os juízes se pronunciam em função do presente que receberam, e os governantes aprovam esta situação, quando eles mesmo não agem da mesma maneira:

> Para fazer o mal, suas mãos são hábeis: para fazer o bem, o príncipe exige, assim como o juiz, uma gratificação; o grande expressa a própria cupidez. (Mq 7,3)
> Teus príncipes são rebeldes, companheiros de ladrões; todos são ávidos por subornos e correm atrás de presentes. Não fazem justiça ao órfão, a causa da viúva não os atinge. (Is 1,23)

Muitos outros oráculos do mesmo gênero poderiam ser acrescentados a essas poucas citações.

Os mesmos abusos de poder se encontram na sociedade do exílio. Na ausência dos reis, outros chefes autoproclamados seviciam na comunidade (Ez 34,17-19). A situação permanece semelhante após o retorno do exílio, como crê Malaquias:

> Eu me aproximarei de vós para o julgamento e serei uma testemunha rápida contra os adivinhos, contra os adúlteros, contra os perjuros, contra os que oprimem o assalariado, a viúva, o órfão, e que violam o direito do estrangeiro, sem me temer, disse YHWH dos Exércitos. (Ml 3,5)

Um culto ineficaz

Os profetas denunciam igualmente a boa consciência satisfeita desses notáveis exploradores. São as mesmas pessoas que oferecem magníficos sacrifícios nos santuários ou que se adornam com diversas práticas religiosas totalmente desconectadas de suas ações contra os pobres. Uma passagem do livro de Isaías é muito explícita com relação a esse propósito:

> A razão está em que, no dia mesmo do vosso jejum, correis atrás dos vossos negócios e explorais os vossos trabalhadores; a razão está em que jejuais para entregar-vos a contendas e rixas, para ferirdes com punho perverso. Não continueis a jejuar como agora, se quereis que a vossa voz seja ouvida nas alturas! Por acaso é este o jejum que eu escolhi, o dia em que o homem se mortifique? Por acaso a esse inclinar de cabeça como um junco, a esse fazer a cama sobre pano de saco e cinza, acaso é a isso que chamas jejum e dia agradável a YHWH? Por acaso não consiste nisso o jejum que escolhi: em romper os grilhões da iniquidade, em soltar as ataduras do jugo e pôr em liberdade os oprimidos e despedaçar todo o jugo? Não consiste em repartir o teu pão com o faminto, em recolheres em tua casa os pobres desabrigados, em vestires aquele que vês nu e em não te esconderes daquele que é a tua própria carne? (Is 58,3-7)

Para os profetas, as práticas religiosas são inoperantes face a tais crimes. Somente uma real conversão pode ser bem recebida pelo Senhor, como testemunha a sequência da passagem de Isaías:

> Se afastares do meio de ti o jugo, o gesto ameaçador e a linguagem iníqua; se te privares para o faminto, e se saciares o oprimido, uma luz brilhará nas trevas, a escuridão será para ti como a claridade do meio-dia. (Is 58,9-10)

Sobre o plano cultual, as denúncias proféticas são igualmente numerosas com respeito à sociedade civil. A exigência monolátrica do Decálogo (adorar um único Deus, segundo o Êxodo 20,3) raramente é cumprida no tempo da monarquia, tanto em Israel como em Judá. Muitos veneram simultaneamente YHWH e outras divindades como Baal ou os deuses assírios. Com o risco de confundir uns com os outros e de, finalmente, se dirigir ao Senhor como se poderia dirigir a uma outra divindade. A forma mais terrível de idolatria denunciada pelos profetas é a prática dos sacrifícios humanos. Uma prática que parece não ter desaparecido após o retorno do exílio, se se crê no trito-Isaías:

> O que mata um boi ou fere um homem, o que sacrifica um cordeiro ou destronca o pescoço de um cão, o que oferece uma oblação, isto é, sangue de porco, o que apresenta incenso como um memorial, o que bendiz um ídolo, todos eles escolheram os seus próprios caminhos; sua alma se deleitou em suas próprias abominações! (Is 66,3)

Os profetas não se contentam em denunciar os crimes de seus contemporâneos e de anunciar que o seu castigo está próximo. Aparecem também como intercessores em favor do povo. Aliás, não se dissociam desse povo considerando-se acima das pessoas comuns. Não se alegram com as desgraças que advêm mesmo quando as anunciaram bem antes. Deste modo, várias vezes o profeta Jeremias intercede em favor de seu povo (Jr 14,20-22). Infelizmente esta súplica nem sempre é bem recebida pelo Senhor, que às vezes não hesita em tratar mal seu profeta (Jr 7,16; 11,14ss.). No entanto, embora muitos livros proféticos anunciem um futuro sombrio para o povo, esse futuro não é necessariamente desesperador.

6

O Messias

Em hebraico, o termo "messias" designa alguém que recebeu uma unção com óleo. Esse termo será traduzido pelo grego *Christós*, de onde vem o termo "Cristo", em português.

No Antigo Testamento, diferentes personagens podem receber a unção com o óleo na ocasião de sua investidura. É o caso do sumo sacerdote Aarão (Ex 29,7) ou do profeta Eliseu (1Rs 19,16). Com exceção desses personagens, majoritariamente são os reis que recebem a unção em sua sagração, isso desde o início da monarquia em Israel (1Sm 10,1). Portanto, o termo "messias" vai prioritariamente designar a figura do rei. A unção com o óleo significa, então, a impregnação do rei pelo Espírito de Deus. Nos livros históricos, o messias é geralmente o rei reinante. Nos proféticos, a expressão é raramente utilizada, mas o conceito está bastante presente. São os profetas que suscitarão a esperança na vinda de um rei ideal, de quem especificarão o caráter e os atributos.

Em Isaías e Miqueias encontram-se os traços mais antigos de um messianismo real e em vias de elaboração. Isaías anuncia ao rei Acaz um "sinal" que é o nascimento próximo de uma criança chamada "Emanuel", que, em hebraico, significa "Deus conosco" (Is 7). Esse sinal deverá confortar o rei a fim de que ele não tome más decisões diante da ameaça siro-efraimita (ver p. 37-38). A criança está para nascer de uma jovem mulher que o rei deve conhecer, o que permite supor que num primeiro sentido Emanuel dever ser um filho de Acaz (Ezequias é, então, um bom candidato).

Mais tardiamente, outras passagens do livro de Isaías vão desenvolver o que será esse rei. Não se trata mais forçosamente de um filho de Acaz, mas, sobretudo, de um rei a vir em um prazo mais ou menos breve. Isaías 9 apresenta assim esse personagem:

> Porque um menino nos nasceu, um filho nos foi dado, ele recebeu o poder sobre seus ombros e lhe foi dado um nome: Conselheiro-maravilhoso, Deus-forte, Pai para sempre, Príncipe da paz, para que se multiplique o poder, assegurando o estabelecimento de uma paz sem fim sobre o trono de Davi e sobre o seu reino, firmando-o, consolidando-o sobre o direito e sobre a justiça. Desde agora e para sempre, o amor ciumento de YHWH dos Exércitos fará isto. (Is 9,5-6)

Essa passagem dá ao rei títulos extraordinários: uma criança é qualificada de conselheiro, enquanto a sabedoria é adquirida com a idade avançada. Um filho é chamado pai, e isso para sempre. Uma criança nascida é dita "Deus forte", um título que é aplicado unicamente para Deus... Esses títulos, que podem evocar os "nomes de reinos" os quais eram familiares aos reis do Antigo Oriente Próximo, parecem situar esse personagem ainda mais do lado da divindade que dos simples mortais. Ele se beneficia, em todo caso, do favor divino, que é o único que pode garantir um reino eterno no direito e na justiça.

Em Isaías 11, o profeta detalha a maneira como esse rei vai governar. Ele é descrito como um "rebento" da cepa de Jessé. Jessé, sendo o pai de Davi, isso faz desse rei um novo Davi, não simplesmente um descendente de Davi. Esse rei possui a plenitude dos dons do Espírito Santo (Is 11,2-3), o que lhe permite governar com justiça e proteger o direito dos fracos. Os últimos versículos desse oráculo vão mais além do que se pode esperar de um rei humano:

> Então o lobo morará com o cordeiro, e o leopardo se deitará com o cabrito. O bezerro, o leãozinho e o novilho gordo andarão juntos e um menino pequeno os guiará. A vaca e o urso pastarão juntos, juntas se deitarão as suas crias. O leão se alimentará de forragem como o boi. A criança de peito poderá brincar junto à cova da áspide, a criança pequena porá a mão na cova da víbora. Ninguém fará o mal nem destruição nenhuma em todo o meu santo monte, porque a terra ficará cheia do conhecimento de YHWH, como as águas cobrem o fundo do mar. (Is 11,6-9)

Dito de outra maneira, seu reino restaurará a Criação como na origem, remodelando a terra de alto a baixo, até reencontrar as condições que caracterizam o paraíso terrestre (Gn 1-2).

Todavia, a sequência do capítulo parece retomar a reflexão sobre um modelo mais realista. Não se trata mais de estabelecer um reino de paz universal, mas simplesmente de restaurar o reino de Israel suficientemente poderoso para dominar sobre seus vizinhos próximos:

> Cessará o ciúme de Efraim, os adversários de Judá serão exterminados. Efraim não tornará a ter ciúme de Judá, e Judá não

> voltará a hostilizar a Efraim. Ambos atirar-se-ão sobre os filisteus ao ocidente, juntos despojarão os filhos do oriente. Edom e Moab se sujeitarão ao seu domínio e os filhos de Amon se lhes submeterão. (Is 11,13-14)

Encontram-se reunidas aqui em um mesmo capítulo duas visões muito contrastantes da restauração da realeza em Israel: uma perspectiva utópica que supõe uma intervenção divina decisiva, provocando uma ruptura na história da humanidade, ou uma perspectiva pragmática que considera o que será humanamente realizável. O mesmo contraste se encontra no livro de Oseias 2,1-3 em que se vê a reunificação de Israel e de Judá em torno de um chefe poderoso capaz de estender o reino em detrimento dos vizinhos, ao passo que Oseias 2,18-25 descreve uma renovação da aliança com os animais da terra, uma paz universal e uma prosperidade sem precedente.

Durante o exílio na Babilônia, os profetas vão renovar a reflexão sobre a figura messiânica. Para Jeremias e Ezequiel, o próprio Senhor vai dirigir seu povo e o lugar de um rei se tornará marginal. O rei humano será essencialmente um imediato, dócil em executar as ordens do rei divino. Na visão do Israel restaurado dos últimos capítulos do livro de Ezequiel, o profeta fala, além disso, de um príncipe que dispõe somente de um modesto papel litúrgico numa sociedade doravante governada pelos sacerdotes. No entanto, Jeremias e Ezequiel insistem sobre a pertença desse rei à linhagem davídica (Jr 33,15; Ez 34,23).

Por sua parte, o dêutero-Isaías transpõe para um rei pagão os principais elementos messiânicos desenvolvidos pelos profetas precedentes. Ciro, rei da Pérsia, tem doravante o título de messias (Is 45,1). O 4º canto do Servo (ver p. 68) dá o perfil de um personagem enigmático que deve receber um lugar entre os poderosos (Is 53,12) após passar pela humilhação e pela morte. Com essa passagem célebre se esboça a figura de um messias sofredor que será uma das chaves de leitura da Paixão de Cristo nos Evangelhos.

No retorno do exílio, a questão do messianismo é posta com muita acuidade. Israel reencontrou sua terra, mas não sob a forma de um reino autônomo. No momento, a Judeia é uma pequena província do império persa, submetida às suas leis, mesmo se essas leis são bastante liberais. Chegou o tempo de restaurar a realeza, arriscando um conflito aberto com os Persas? Sobre esta questão, o profeta Ageu em 2,20-23 (ver p. 70-71) parece responder pela afirmativa. Este oráculo considera a derrota das nações e a restauração do poder em Israel, mas ele não situa a perspectiva num futuro indeterminado. O oráculo diz respeito explicitamente ao governador Zorobabel que é um descendente de Davi, portanto, um candidato messiânico crível. Zorobabel teve conhecimento deste oráculo e tentou restaurar a realeza na Judeia? Uma coisa é certa: Zorobabel saiu de circulação antes de 515, sem que os livros bíblicos especifiquem a razão. Daí a hipótese (inverificável...) de que ele teria sido afastado, ou executado, pelos Persas depois de uma tentativa de rebelião.

O livro de Zacarias possui igualmente alguns oráculos sobre Zorobabel que vão na mesma direção, mas de modo mais prudente. Evocam, antes, uma descendência de Zorobabel, um misterioso personagem chamado "rebento" que será ulteriormente coroado (Zc 6,9-15). Contudo, o tempo de se declarar contra a Pérsia parece ainda não ter chegado.

Com a desaparição de Zorobabel, a esperança de restauração messiânica da realeza de Israel parece ter se atenuado. A confiança posta nos profetas parece ter sido igualmente abalada. É significativo que os profetas Ageu e Zacarias sejam os últimos representantes do profetismo clássico. O profetismo emerge com Samuel, no contexto da instauração da monarquia, e desaparece com ela. No primeiro século, o messianismo vai se diversificar muito. O messias esperado não é mais forçosamente um rei descendente de Davi. Ele pode revestir a forma de um perfeito sumo sacerdote à imagem de Aarão ou de um profeta à imagem de Moisés. As esperanças do povo de Israel serão, portanto, muito diversas, tanto que o termo "messias" pode conter significações diferentes. A partir disso, será difícil para as multidões situarem Jesus como figura messiânica.

7

O culto e o templo

Enviados de Deus, os profetas vão evidentemente ensinar e criticar o âmbito da vida cultual. Vários dentre eles são igualmente sacerdotes (Jeremias e Ezequiel especialmente) ou são estreitamente associados a santuários, e isso desde Samuel, criado desde sua juventude no templo de Silo pelo sumo sacerdote Eli (1Sm 1).

Poder-se-ia esperar estreita colaboração entre sacerdotes e profetas, na medida em que todos trabalham no serviço da relação do povo com seu Deus. No entanto, fortes tensões vão rapidamente se manifestar entre esses dois grupos. Isso começa com o profeta Samuel que vai denunciar as práticas duvidosas dos filhos do sacerdote Eli no santuário de Silo. Aparentemente eles exploram os peregrinos taxando-os mais que de costume sobre as oferendas que apresentam (1Sm 2,12-17). Esse negócio sórdido terminará com a morte dos culpados e a perda da arca da aliança da qual eram os guardiões (1Sm 4).

Um culto pervertido

A crítica de Oseias com relação aos sacerdotes de Israel visa outros problemas muito mais graves. O profeta acusa os sacerdotes de terem abandonado o conhecimento de Deus e, por isso mesmo, terem privado o povo deste conhecimento, induzindo-o a um comportamento idólatra e pervertido (Os 4,4-11). Neste oráculo, Oseias sublinha uma disfunção do culto sacrificial. A maioria dos sacrifícios são oferecidos a fim de obter de Deus o perdão dos pecados. Os sacerdotes, que não possuem terras, recebem sua remuneração sob a forma de uma parte desses sacrifícios. Dito de outra maneira, quanto mais o povo é pecador, mais numerosos são os sacrifícios e os sacerdotes são mais bem pagos. Eles não têm interesse em que o povo se torne santo, o que significaria para eles o desemprego técnico... Oseias resume isso em uma fórmula lapidar: "Eles se alimentam do pecado do meu povo, se nutrem de sua falta, são ávidos" (Os 4,8).

Oseias inicia o ataque conjunto dos profetas contra o culto sacrificial. No entanto, isto é expressamente ordenado pela lei de Moisés (o livro do Levítico se encarrega de detalhar os diferentes sacrifícios, como também as outras oferendas e práticas cultuais). Segundo uma concepção bastante antiga, no Antigo Oriente Próximo os sacrifícios eram considerados o alimento das divindades. A fumaça saída da combustão era destinada a subir ao reino dos deuses. Encontram-se, ainda, traços nos textos bíblicos como ocorre com a expressão recorrente no Levítico: "esse sacrifício será um manjar consumido em perfume de apaziguamento por YHWH". Com os sacrifícios, é possível obter o perdão de Deus. Esse perdão parece mesmo automaticamente adquirido a partir do momento em que o pecador ofereceu o animal requerido em função de sua falta. Segundo esta lógica, será preciso igualmente que os grandes pecadores sejam suficientemente ricos para pagar todos os animais indispensáveis para sua salvação... Ao contrário, não é necessário "converter-se", mudar de comportamento.

Para Isaías, o culto sacrificial em nada é um "perfume de apaziguamento" para o Senhor. Muito pelo contrário, é uma fonte de irritação suplementar:

> Que me importam os vossos inúmeros sacrifícios? Diz YHWH. Estou farto de holocaustos de carneiros e da gordura de bezerros cevados; não tenho prazer no sangue de touros, de cordeiros e de bodes. Quando vindes à minha presença, quem vos pediu que pisásseis meus átrios? Basta de trazer-me oferendas vãs; para mim são incenso abominável. Lua nova, sábado e assembleia, não posso suportar falsidade e solenidade! Vossas luas novas e vossas festas, minha alma as detesta: são para mim um fardo; estou cansado de carregá-lo. Quando estendeis vossas mãos, desvio de vós os meus olhos; ainda que multipliqueis a oração, não vos ouvirei. Vossas mãos estão cheias de sangue. (Is 1,11-15)

A razão dessa condenação do culto sacrificial é dada no versículo 15: as mãos estão cheias do sangue da idolatria ou do homicídio. Isto põe os participantes do culto em estado de impureza, uma impureza moral mais que cultual. Mas se o pecado se torna inapto para oferecer os sacrifícios para o perdão dos pecados, estamos no direito de nos perguntar se os sacrifícios têm alguma utilidade. É o que Isaías irá desenvolver na sequência dessa passagem:

> Lavai-vos, purificai-vos! Tirai da minha vista vossas más ações! Cessai de praticar o mal, aprendei a fazer o bem! Buscai o direito, corrigi o opressor! Fazei justiça ao órfão, defendei a causa da viúva! Então, sim, poderemos discutir, diz YHWH. Ainda que vossos pecados sejam como escarlate, tornar-se-ão brancos como a neve; ainda que sejam vermelhos como o carmesim, tornar-se-ão como a lã. Se quiserdes obedecer, comereis o fruto precioso da terra. Mas se vos recusardes e vos rebelardes, sereis devorados pela espada! Eis o que a boca de YHWH falou. (Is 1,16-20)

A única oferenda capaz de tocar o Senhor é a oferta de si mesmo em uma mudança de comportamento ético, especialmente no âmbito do respeito aos direitos dos mais fracos. Na mesma época, Oseias sintetiza essa mensagem em um único versículo: "Porque é o amor que eu quero e não o sacrifício, conhecimento de Deus mais do que holocaustos" (Os 6,6). Ao contrário, na ausência de conversão, o culto sacrificial é totalmente inoperante: "Com suas ovelhas e seus bois eles irão em busca de YHWH, mas não o encontrarão. Ele afastou-se deles" (Os 5,6).

O olhar lançado sobre os sacerdotes por Jeremias é também muito crítico. Aliás, este profeta é ainda mais interessante de estudar sobre esta questão, pois, sendo ele mesmo um sacerdote, pode falar da corporação com conhecimento de causa. Assim como em Oseias, os sacerdotes são acusados de terem abandonado a busca de Deus: "Os sacerdotes não perguntaram: 'Onde está YHWH?' Os depositários da lei não me conheceram, os pastores rebelaram-se contra mim, os profetas profetizaram por Baal, e assim correram atrás do que não vale nada" (Jr 2,8). Eles figuram ao lado dos reis entre os notáveis fadados à perdição. Exatamente como na época de Oseias, são responsáveis pelo desenvolvimento da idolatria em Judá:

> Como se envergonha o ladrão que é surpreendido, assim se envergonha a casa de Israel, eles, seus reis, seus príncipes, seus sacerdotes e seus profetas, que dizem à madeira: "Tu és meu pai!", e à pedra: "Tu me geraste!" Porque voltam para mim as costas e não a face, mas no tempo da desgraça gritam: "Levanta-te! Salva-nos!". (Jr 2,26-27)

Eles são acusados igualmente de engordar às custas dos fiéis (Jr 5,31; 6,13). Há algo que se pode salvar neles? Aparentemente não, segundo esse versículo: "Porque até mesmo o profeta e o sacerdote são ímpios, até mesmo em minha casa encontrei a sua maldade, oráculo de YHWH" (Jr 23,11).

Em matéria de culto sacrificial, o mais abominável é certamente o sacrifício humano. Jeremias é testemunha das grelhas sacrificiais (*tophet*) que empestam o vale de Jerusalém. Mas tratam-se de cultos pagãos (que acontecem a alguns metros do templo...) ou de um desvio trágico do culto de YHWH? Pode-se optar pela segunda hipótese ouvindo o horror do Senhor manifestado pelo profeta:

> Construíram os lugares altos de Tofet no vale de Ben-Enom, para queimar seus filhos e suas filhas, o que eu não tinha ordenado nem sequer pensado. (Jr 7,31)

Para que YHWH afirme que jamais ordenou, deve-se ao fato de que alguns julgaram bom realizar tais sacrifícios em seu nome (ver também Jr 19,5, esta vez em uma confusão entre culto de Ba'al e culto de YHWH). Uma perfeita abominação aos olhos do profeta!

Esses ataques veementes contra os sacerdotes não surgem da inveja profissional. Os profetas denunciam disfunções graves do culto na perspectiva de vê-lo melhorar. Evidentemente essas críticas não foram bem acolhidas pelos principais interessados. Eles podiam se voltar violentamente contra o profeta. O comportamento do sacerdote Fassur contra Jeremias é a ilustração perfeita:

> O sacerdote Fassur, filho de Imer, que era o chefe da guarda do templo de YHWH, ouviu Jeremias que profetizava estas palavras. Fassur bateu no profeta Jeremias e colocou-o no tronco que está na porta alta de Benjamim, no templo de YHWH. No dia seguinte, Fassur tirou Jeremias do tronco, e Jeremias lhe disse: "YHWH não te chama mais Fassur, mas sim 'Terror de todos os lados'. Porque assim disse YHWH: Eis que eu te entregarei ao terror, a ti e a todos os teus amigos; eles cairão pela espada de seus inimigos: teus olhos verão! Entregarei toda Judá nas mãos do rei da Babilônia, que deportará seus habitantes para a Babilônia e os ferirá com a espada". (Jr 20,1-4)

Durante o exílio, os sacerdotes não atuam mais no santuário e, desde então, parecem poupados pelos profetas. Os profetas do exílio estão voltados sobretudo para o futuro. Mas o lugar dos sacerdotes na restauração de Israel é abordado de maneira muito diferente em Ezequiel e no dêutero-Isaías. Este não faz menção ao longo de toda a sua profecia, enquanto, para Ezequiel, os sacerdotes serão as peças maiores do novo Israel. Possuirão como própria uma parte da terra de Israel (Ez 48,11). Ezequiel distingue cuidadosamente os sacerdotes descendentes das grandes famílias sacerdotais dos outros levitas que formam um baixo clero que o profeta considera responsável pelos desvios do culto antes do exílio (Ez 44,10). Na perspectiva de um novo Israel, os levitas serão reduzidos a executar tarefas servis aos sacerdotes.

A retomada do culto sacrificial após o exílio não parece ter conseguido uma profunda melhora do comportamento dos sacerdotes e do povo. O trito-Isaías denuncia práticas cultuais absolutamente suspeitas (Is 66,3). Malaquias, o último profeta dos Antigo Testamento, faz ver uma prática cultual totalmente deficiente:

> Ofereceis sobre meu altar alimentos impuros. Mas dizeis: "Em que te profanamos?" – Quando dizeis: "A mesa de YHWH é desprezível". Quando trazeis um animal cego para sacrificar, isto não é mal? Quando trazeis um animal coxo ou doente, isto não é mal? Oferece-os ao teu governador, acaso ficará contente contigo ou receber-te-á amigavelmente? Disse YHWH dos Exércitos. E agora quereis aplacar a Deus, para que tenha piedade de nós (e, contudo, de vossas mãos vêm estas coisas): acaso vos receberá amigavelmente? Disse YHWH dos Exércitos! Quem entre vós, pois, fechará as portas para que não acendam o meu altar em vão? Não tenho prazer algum em vós, disse YHWH dos Exércitos, e não me agrada a oferenda de vossas mãos. (Ml 1,7-10)

A prática cultual é de tal modo desviante que o Senhor chega a desejar que se fechem as portas do templo que, todavia, acabara de ser reconstruído.

Um templo inoperante

Muitos profetas falaram sobre o templo de Jerusalém. Este santuário, coração da prática religiosa de Israel, é o tema de muitos oráculos.

Como para a realeza, o profetismo está estritamente ligado à construção, destruição e reconstrução do santuário.

Quando Davi pensa em construir um templo em Jerusalém, é seu profeta Natan quem o impede (2Sm 7), reservando essa construção para o reino de seu filho Salomão.

O primeiro templo vai ser considerado pelo profeta Isaías um autêntico palácio real, a morada terrestre do rei do Céu. A visão inaugural de Isaías 6 mostra efetivamente o Senhor habitando o santuário. Esta presença divina no próprio coração da cidade permite ao profeta encorajar tanto o rei Acaz como o rei Ezequias e a manter boas relações com seus adversários humanos. Atacando Jerusalém, eles atacam a capital do Senhor, e ele não deixará seu santuário cair nas mãos do inimigo (Is 7,4-9 ou Is 37). De fato, quando Jerusalém for atacada por Senaqueribe, não cairá nas mãos dos Assírios, e o profeta Isaías verá nesse fracasso a intervenção de Deus. Esta profecia de Isaías marcará duravelmente os espíritos em Judá considerando-se que a cidade não corre qualquer risco, uma vez que abriga o templo de Deus.

No entanto, na mesma época, o profeta Miqueias tem um olhar mais sombrio sobre a cidade de Jerusalém: "Por isso, por vossa culpa, Sião será arada como um campo, Jerusalém se tornará lugar de ruínas, e a montanha do templo, cerro de brenhas!" (Mq 3,12). Para ele, não há qualquer segurança contra riscos com a presença do templo. Se o comportamento dos habitantes de Judá se opõe à lei do Senhor, então nada poderá salvá-los, nem mesmo o santuário.

Jeremias se inscreve na mesma direção de Miqueias. Seu oráculo sobre o templo é uma violenta queixa contra um lugar que perdeu sua razão de ser:

> Não é assim? Roubar, matar, cometer adultério, jurar falso, queimar incenso a Baal, correr atrás de deuses estrangeiros que não conheceis, depois virdes e vos apresentardes diante de mim

> neste templo, onde o meu Nome é invocado, e dizer: "Estamos salvos", para continuar cometendo estas abominações! Este templo, onde meu Nome é invocado, será porventura um covil de ladrões a vossos olhos? Mas eis que eu também vi, oráculo de YHWH. Ide, pois, a meu lugar em Silo, onde outrora fiz habitar o meu Nome, e vede o que lhe fiz por causa da maldade do meu povo, Israel. Mas, agora, visto que praticastes todos esses atos – oráculo de YHWH –, visto que não escutastes quando vos falava com insistência e sem me cansar e não respondestes aos meus apelos, tratarei o templo, onde o meu Nome é invocado e em que pondes a vossa confiança, o lugar que dei a vós e a vossos pais, como tratei Silo. (Jr 7,9-14)

A referência à Silo é significativa. Outrora o santuário tinha abrigado a arca da Aliança e o famoso profeta Samuel aí exerceu seu ministério. Nada disso impediu que esse templo fosse destruído pelos Filisteus. Para Jeremias, o templo de Jerusalém se tornou um covil de bandidos, o lugar onde os criminosos vêm se refugiar depois de terem cometido seus delitos. Como se o templo garantisse, apenas por sua presença, total impunidade. Jeremias denuncia aqui a divisão entre um comportamento irrepreensível no santuário e um comportamento abominável fora do santuário. Esta sorte de esquizofrenia espiritual só poderia conduzir à catástrofe.

Duvida-se que as palavras anunciando a destruição do templo, e minando, assim, a confiança do povo, serão mal acolhidas por todos os que frequentam o santuário:

> Sacerdotes, profetas e todo o povo ouviram Jeremias pronunciar estas palavras no templo de YHWH. E quando Jeremias terminou de falar tudo o que YHWH o mandara dizer a todo o povo, os sacerdotes, os profetas e todo o povo prenderam-no

> dizendo: "Tu morrerás! Por que profetizaste em nome de YHWH dizendo: Este templo será como Silo e esta cidade será ruína sem habitantes?" E todo o povo amotinou-se contra Jeremias no templo de YHWH. (Jr 26,7-9)

Jeremias escapará do linchamento graças à intervenção do poder real que se considerava sempre como o verdadeiro chefe do santuário. Mas nem todos os profetas gozam da mesma proteção, e um confrade de Jeremias chamado Urias será executado por ter tido parecer semelhante ao de Jeremias. (Jr 26,20-24)

Um santuário a ser reconstruído

O templo será destruído pelos babilônios em 587. Antes disso, o profeta Ezequiel apresentou uma visão da glória divina deixando o templo (Ez 10). Esta partida de Deus significa que os Babilônios vão destruir um prédio vazio da presença divina. Deste modo, a ruína do templo não será percebida como um atentado à glória de Deus. Para esse profeta, a glória voltará a habitar o gigantesco templo que será reconstruído após o fim do exílio. Um templo que ocupará a maior parte de Jerusalém e em torno do qual gravitará toda a vida do país.

Contudo, do templo utópico de Ezequiel à realidade, há uma grande distância a ser superada. No retorno do exílio, as más condições econômicas não parecem permitir a reconstrução do edifício. Os Judeus que retornaram do exílio preferiram prioritariamente reconstruir suas próprias casas. Isso será a causa da indignação dos profetas Ageu e Zacarias:

> Assim disse YHWH dos Exércitos. Este povo disse: "Ainda não chegou o tempo de reconstruir o templo de YHWH!" E a

palavra de YHWH foi dirigida pelo ministério do profeta nestes termos: "É para vós tempo de habitar em casas revestidas, enquanto esta casa está em ruínas?". (Ag 1,2-4)

Os dois profetas pressionaram o governador Zorobabel e o sumo sacerdote Josué para empreender sem tardar a reconstrução do templo. É nessa condição que voltará a prosperidade do país:

> Agora, pois, sê forte, Zorobabel, oráculo de YHWH. Sê forte, Josué, filho de Josedec, sumo sacerdote, sê forte todo o povo da terra, oráculo de YHWH, e trabalhai, porque estou convosco – oráculo de YHWH dos Exércitos – conforme o compromisso que concluí convosco na saída do Egito, e uma vez que o meu espírito permanece no meio de vós, não temais! Porque assim disse YHWH dos Exércitos. Ainda um pouco de tempo e eu abalarei o céu, a terra, o mar e o continente. Abalarei todas as nações, então afluirão todas as riquezas de todas as nações e eu encherei este templo de glória, disse YHWH dos Exércitos. A mim pertence a prata! A mim pertence o ouro! Oráculo de YHWH dos Exércitos. A glória futura deste templo será maior do que a passada, disse YHWH dos Exércitos, e neste lugar eu darei a paz, oráculo de YHWH dos Exércitos. (Ag 2,4-9)

O templo foi, então, reconstruído, mas com um resultado decepcionante. Os mais velhos, aqueles que se lembravam do primeiro templo, deixaram cair suas lágrimas diante do novo edifício (Esd 3,12). O clero do novo santuário adotou regras muito estritas de pureza para controlar o acesso, o que provocou a reação do trito-Isaías. Esse profeta anunciou que Deus desejava acolher eunucos e estrangeiros em seu templo, e até mesmo fazer desses últimos sacerdotes cujas oferendas ele aceitaria (Is 56,1-6). Em conclusão:

> Trá-los-ei no meu monte santo e os cobrirei de alegria na minha casa de oração. Seus holocaustos e seus sacrifícios serão bem aceitos no meu altar. Com efeito, minha casa será chamada casa de oração para todos os povos. (Is 56,7)

A acolhida dos estrangeiros no templo permaneceu no âmbito da esperança. O segundo templo, até a destruição pelos Romanos, em 70, foi cercado por uma barreira que os pagãos não podiam ultrapassar, sob pena de morte. No lugar de uma grande abertura a todos os homens, ele se tornou um lugar de acesso reservado. Finalmente, somente o sumo sacerdote podia entrar no Santo dos Santos.

8

A felicidade futura

Os livros proféticos não são parcos de promessas de restauração e de felicidade. Todavia, a repartição desses oráculos de felicidade é muito desigual. Praticamente ausentes de Amós, formam alguns capítulos do livro de Jeremias e boa parte da profecia do dêutero-Isaías. Todos não são profetas da desgraça.

As promessas de restauração não aparecem em qualquer momento. De maneira geral, os livros proféticos descrevem a história de Israel seguindo a sequência crime-sanção-restauração. A sanção toma concretamente a forma da destruição do reino e do exílio de uma parte da população. É no contexto do exílio que aparecem as grandes promessas de restauração. O exílio não é considerado um fim em si mesmo. É uma punição, certamente, mas a ser considerada como um castigo educativo. A remoção de Israel, que perdeu sua terra, seu templo e seu rei torna-se uma etapa necessária para entrar nesta conversão do coração que não tinha sido possível no tempo da monarquia.

Para Jeremias ou Ezequiel, o retorno do exílio não é considerado um retorno ao início, como se o exílio tivesse sido um simples parêntese na história de Israel. O retorno é considerado no contexto de uma profunda transformação do povo, transformação que, aliás, somente a ação de Deus tornaria possível. Com palavras um pouco diferentes, esses dois profetas enunciam uma mesma perspectiva:

> Eis que virão dias – oráculo de YHWH – em que concluirei com a casa de Israel e com a casa de Judá uma aliança nova. Não como a aliança que concluí com seus pais no dia em que os tomei pela mão para fazê-los sair da terra do Egito – minha aliança, que eles próprios romperam, embora eu fosse o seu Senhor – oráculo de YHWH! Porque esta é a aliança que concluirei com a casa de Israel depois desses dias, oráculo de YHWH. Porei minha lei no fundo de seu ser e a escreverei em seu coração. Então, serei seu Deus e eles serão o meu povo. Eles não terão mais que instruir seu próximo ou seu irmão, dizendo: "Conhecei a YHWH!" Porque todos me conhecerão, dos menores aos maiores – oráculo de YHWH – porque perdoarei sua culpa e não me lembrarei mais de seu pecado. (Jr 31,31-34)
>
> Quando eu vos tomar dentre as nações e vos reunir de todas as terras, reconduzindo-vos à vossa terra. Borrifarei água sobre vós e ficarei puros; sim, purificar-vos-ei de todas as vossas imundícies e de todos os vossos ídolos imundos. Dar-vos-ei coração novo, porei no vosso íntimo espírito novo, tirarei do vosso peito o coração de pedra e vos darei coração de carne. Porei no vosso íntimo o meu espírito e farei com que andeis de acordo com os meus estatutos e guardeis as minhas normas e as pratiqueis. Então, habitareis na terra que dei a vossos pais: sereis o meu povo e eu serei o vosso Deus. (Ez 36,24-28)

A restauração da aliança ou mesmo a instauração de uma aliança nova passa pela restauração do coração do homem. Para os autores bíblicos, o coração não é o órgão do sentimento, mas o da razão e da vontade. É no coração do homem que se desenham os projetos e que se toma a decisão para a sua execução. Para que o pecado que nele reside possa ser vencido, é necessário que a lei de Deus também o habite pela presença do Espírito. Enquanto a lei for exterior ao homem, será inoperante.

Por volta do fim do exílio, o dêutero-Isaías descreve o retorno de Israel sobre o modelo de um novo Êxodo, ainda mais glorioso que o primeiro. Ezequiel vê a restauração de Jerusalém em torno de um templo fortificado com proporções gigantescas. A realidade do retorno foi muito mais modesta, e isso levou a certa decepção. Outros oráculos consideraram, então, uma restauração de Israel mais definitiva, dessa vez no âmbito do fim dos tempos.

O cenário escatológico (termo grego que significa simplesmente "indo para o fim dos tempos") varia conforme os livros proféticos. O tema geral é o do "dia do Senhor", o dia em que o Senhor vai visitar a terra. Enquanto Amós vê esse dia como o de um de terrível castigo para Israel (Am 5,18), outros textos proféticos o consideram um dia de libertação para o povo, limitando-o, às vezes, à sua justa fração.

Até que esse dia chegasse, Israel teria de enfrentar muitos perigos. Com o livro de Ezequiel, se desenha a perspectiva de uma última grande guerra entre Israel e uma coalizão de todas as nações pagãs. Nesse livro, essa coalizão é liderada por Gog, o rei de Magog (Ez 38), um nome que se tornará em seguida sinônimo de tirano, exterminador do fim dos tempos (Ap 20,8 retoma os termos "Gog e Magog" para evocar o último conflito). No entanto, a intervenção divina salva Israel desse rei (Ez 39).

Depois da guerra, vem o tempo de uma paz eterna. O material de guerra é definitivamente destruído:

> Então sairão os habitantes das cidades de Israel a queimar, a fazer fogo com armas, com escudos e paveses, com arcos e flechas, com bastões e lanças. Com eles farão fogo durante sete anos. Não terão necessidade de catar lenha no campo, nem de apanhá-la nas florestas, pois será com as armas aí deixadas que farão fogo e assim despojarão aqueles que os despojavam e saquearão aqueles que os saqueavam, oráculo do Senhor YHWH. (Ez 39,9-10)

O mesmo tema é desenvolvido em Oseias 2,20 ou em Zacarias 9,9-10.

Vários profetas desenvolveram conjuntamente o tema da "inversão escatológica": os primeiros se tornam os últimos e vice-versa. Aqueles que oprimiam Israel se encontram escravizados, como em Isaías 14,2:

> Povos os tomarão e os trarão à sua terra. A casa de Israel os submeterá na terra de YHWH, fazendo deles servos e servas. Reduzindo ao cativeiro aqueles que os tinham feito cativos e dominarão aqueles que os tinham oprimido.

A mesma ideia é desenvolvida em Isaías 49,23:

> Reis serão os teus pais adotivos, suas princesas serão as tuas amas-de-leite. Prostrar-se-ão diante de ti com o rosto em terra e lamberão o pó dos teus pés. Então saberás que eu sou YHWH, aqueles que esperam em mim não serão confundidos.

O destino dos pagãos pode variar do extermínio à assimilação. Seja como for, as nações estrangeiras nunca mais serão uma ameaça.

Outros textos descrevem um programa mais ambicioso, chegando até a remodelagem completa da criação. A montanha de Sião, que serve de base do templo de Jerusalém, é elevada acima das mais altas montanhas (Is 2,2 ou Mq 4,1). Os céus são abalados e as estrelas se apagam (Jl 2,10). A criação se desmantela como em Isaías 34,4:

> Todo o exército dos céus se desfaz; os céus se enrolam como um livro, todo o seu exército fenece, como fenecem as folhas da videira, como fenecem as folhas da figueira.

Os elementos mais estáveis da terra, como as montanhas, são sacudidos ou mesmo liquefeitos:

> Porque eis que YHWH sai do seu lugar santo, ele desce e pisa sobre os altos da terra. Debaixo dele os montes se derretem e os vales se desfazem como a cera junto ao fogo, como a água derramada em uma encosta. (Mq 1,3-4)

Mas esta ruína impressionante é somente o prelúdio de uma nova criação. Este tema é bem valorizado no trito-Isaías:

> Aqueles que se bendisserem na terra se bendirão no nome do Deus da verdade, aqueles que jurarem na terra jurarão pelo Deus da verdade, porque as angústias de outrora serão esquecidas, desaparecerão de diante dos meus olhos. Com efeito, criarei novos céus e nova terra; as coisas de outrora não serão lembradas, nem tornarão a vir no coração. (Is 65,16-17)

Isaías 11,6-9 já evocava uma restauração das condições originais da criação, com uma paz universal entre Deus, os homens e os animais.

Todos esses textos proféticos serão retomados e desenvolvidos na grande corrente da literatura apocalíptica judaica, depois cristã. O Apocalipse joanino, o último livro do Novo Testamento, se inspira muito nos antigos profetas (Ezequiel e Joel especialmente) e atualiza sua mensagem à luz da revelação do Cristo.

9

Jesus

O cumprimento das Escrituras

Uma das grandes preocupações dos evangelistas é explicar a seus destinatários quem é Jesus. Para fazê-lo, vão recorrer abundantemente aos textos proféticos para mostrar como Jesus é exatamente aquele que era anunciado pelos antigos mensageiros de Deus.

Trata-se inicialmente de provar a identidade messiânica de Jesus. E isto não é fácil. Na época de Jesus, todo mundo parece esperar a vinda do messias, mas cada um segundo o seu parecer sobre o que ele deveria ser: um rei guerreiro que virá exterminar os romanos que ocupam o país, um sumo sacerdote que dirigirá um templo purificado e instaurará a teocracia em Israel, um novo Moisés ou um novo Esdras que dará a interpretação última da Lei... Há messias para todos os gostos, mas Jesus não entrará em nenhum desses esquemas.

Os evangelistas vão solicitar os profetas sobre vários pontos para demonstrar que, contrariamente à opinião comum,

Jesus é de fato o messias anunciado. Deste modo, vão se concentrar sobre alguns oráculos particularmente significativos.

O nascimento de Jesus da Virgem Maria será explicitado a partir do oráculo de Isaías 7,14: "Pois bem, o Senhor mesmo vos dará um sinal: Eis que a jovem está grávida e dá à luz um filho e lhe dará o nome de Emanuel". Mateus explora assim este oráculo: "Tudo isso aconteceu para que se cumprisse o que o Senhor havia dito pelo profeta: Eis que a virgem conceberá e dará à luz um filho e o chamarão com o nome de Emanuel, o que traduzido significa: 'Deus conosco'" (Mt 1,22-23). O evangelista cita aqui o texto grego da Setenta, com o termo "virgem" em vez de "jovem mulher" do texto hebraico. Isto lhe permite determinar a identidade de Jesus em dois níveis: seu nascimento de uma virgem põe a questão do pai da criança, e o nome "Emanuel" revela a presença divina em Jesus. Em uma única citação, Mateus apresenta os principais elementos do mistério da encarnação.

Do mesmo modo, o lugar do nascimento de Jesus, Belém, será justificado pelo oráculo de Miqueias 5,1: "E tu, Belém-Efrata, pequena entre os clãs de Judá, de ti sairá para mim aquele que governará Israel". Este oráculo é citado em Mateus 2,5-6 e ainda mais explicitamente no quarto evangelho:

> Alguns entre a multidão, ouvindo essas palavras diziam: "Esse é verdadeiramente o profeta!" Mas outros diziam: "É o Cristo!" Mas outros diziam: "Porventura pode o Cristo vir da Galileia? A Escritura não diz que o Cristo será da descendência de Davi e virá de Belém, a cidade de onde era Davi?" Produziu-se uma cisão entre o povo por causa dele. (Jo 7,40-43)

Mateus também solicitará Oseias 11,1 para apresentar a viagem do menino Jesus ao Egito: "Ele se levantou tomou o menino e sua mãe, durante a noite, e partiu para o Egito. Ali ficou até a morte de Herodes, para que se cumprisse o que dissera o Senhor por meio do profeta: Do Egito chamei o meu filho" (Mt 2,14-15). Para o evangelista, Jesus recapitula na sua própria infância as grandes etapas da história do seu povo.

A Paixão e Ressurreição de Jesus serão também apresentadas sob o ângulo do cumprimento das profecias. A morte de Jesus na cruz é um dos maiores desafios que os evangelistas tiveram de enfrentar: como explicar esta morte que tem toda a aparência de um fracasso para aqueles que esperam um messias triunfando sobre seus inimigos? Os oráculos de Isaías e de Zacarias darão os elementos para a resposta. A figura do servo sofredor (Is 52,13-53,12) ou a do traspassado (Zc 12,10) permitem falar do sofrimento ou da morte do messias como de um elemento anunciado pelas Escrituras:

> Pois isso aconteceu para que se cumprisse a Escritura: nenhum osso lhe será quebrado. E outra Escritura diz ainda: olharão para aquele que traspassaram. (Jo 19,36-37)

O sentido teológico da morte de Jesus é igualmente apresentado na lógica de Isaías 53,5: "Mas ele foi traspassado por causa de nossas transgressões, esmagado por causa de nossas iniquidades. O castigo que havia de nos trazer a paz, caiu sobre ele, sim, por suas feridas fomos curados". Paulo faz alusão a este texto quando afirma sobre Jesus: "entregue por nossas faltas e ressuscitado para a nossa justificação" (Rm 4,25).

A ressurreição de Jesus é igualmente apresentada como um cumprimento das Escrituras:

> Transmiti-vos, em primeiro lugar, aquilo que eu mesmo recebi: Cristo morreu por nossos pecados, segundo as Escrituras. Foi sepultado, ressuscitou ao terceiro dia, segundo as Escrituras. (1Cor 15,3-4)

Mas a qual passagem o Apóstolo faz alusão? Talvez simplesmente à Oseias 6,2:

> Depois de dois dias nos fará reviver, no terceiro dia nos levantará, e nós viveremos em sua presença.

Jesus como profeta

Jesus não é simplesmente apresentado como cumprimento da palavra profética. Os evangelhos descrevem igualmente o Cristo na continuidade dos antigos profetas.

No Novo Testamento, tudo começa com a figura de João Batista. Os evangelistas o apresentam claramente como um profeta (Lc 1,76), insistindo sobre sua veste diretamente inspirada por aquela do profeta Elias. Esta identidade profética de João Batista é confirmada pelo próprio Jesus: "Então, que fostes ver? Um profeta? Eu vos afirmo que sim, e mais do que um profeta" (Mt 11,9). Com João Batista o longo silêncio profético do período pós-exílio chega ao fim.

A continuidade de Jesus com os profetas é manifestada no discurso inaugural do sermão sobre a montanha: "Não penseis que eu vim revogar a Lei ou os Profetas. Não vim revogá-los, mas dar-lhes pleno cumprimento" (Mt 5,17). A expressão "Lei e os Profetas" designa as Escrituras canônicas do judaísmo de sua época. O cumprimento dessas Escrituras passa pela resolução em Jesus de numerosos oráculos que dizem respeito a ele, e também pela expressão de uma nova lei em conformidade com o discurso profético.

O próprio Jesus se definiu com um profeta. Quando os ouvintes de Nazaré se recusam a escutar sua pregação, ele lhes declara: "Um profeta só é desprezado na sua pátria e na sua casa" (Mt 13,57). Esta percepção é partilhada por seus contemporâneos. Quando Jesus pergunta aos discípulos o que se pensa acerca de sua identidade, eles respondem: "Uns afirmam que é João Batista, outros que é Elias, outros, ainda, que é Jeremias ou um dos profetas" (Mt 16,14). A mesma reação na ocasião de sua entrada em Jerusalém: "E entrando em Jerusalém, a cidade inteira agitou-se e disse: Quem é este? A isso as multidões respondiam: Este é o profeta Jesus, de Nazaré na Galileia" (Mt 21,10-11). Muitas palavras de Jesus fazem referência à perseguição dos profetas, como em Lucas 13,34:

> Jerusalém, Jerusalém, que matas os profetas e apedrejas os que te foram enviados, quantas vezes quis reunir teus filhos como a galinha recolhe seus pintainhos debaixo das asas, mas não quiseste.

Esta perseguição não pertence a um passado antigo e acabado. Os contemporâneos de Jesus se inscrevem na continuidade com as perseguições de outrora:

> Ai de vós que edificais os túmulos dos profetas, enquanto foram os vossos pais que os mataram! Assim, vós sois testemunhas e aprovais os atos de vossos pais: eles mataram e vós edificais. Eis porque a Sabedoria de Deus disse: Eu lhes enviarei profetas e apóstolos; eles matarão e perseguirão alguns deles, a fim de que se peçam contas a esta geração do sangue de todos os profetas que foi derramado desde a criação do mundo, do

> sangue de Abel até o sangue de Zacarias, que pereceu entre o altar e o Santuário. Sim, digo-vos, serão pedidas contas a esta geração! (Lc 11,47-51)

Por sua vez, Jesus tem consciência de que esta perseguição aos profetas terminará por atingi-lo. Ele o declara explicando porque deve morrer em Jerusalém: "Mas hoje, amanhã e depois de amanhã, devo prosseguir meu caminho, pois não convém que um profeta pereça fora de Jerusalém" (Lc 13,33). Quando Jesus é condenado à morte, os guardas o brutalizam: "Os guardas caçoavam de Jesus, espancavam-no, cobriam-lhe o rosto e o interrogavam: 'Faze uma profecia: quem é que te bateu?'" (Lc 22,63-64). Jesus tem igualmente consciência de que esta perseguição continuará contra os seus discípulos:

> Felizes sois, quando vos injuriarem e perseguirem e, mentindo, disserem todo o mal contra vós por causa de mim. Alegrai-vos e regozijai-vos, porque será grande a vossa recompensa nos céus, pois foi assim que perseguiram os profetas que vieram antes de vós. (Mt 5,11-12)

Jesus ensina e age como um profeta, e o reivindica. Ensina em parábolas, com curtas histórias enigmáticas, e justifica este ensinamento com uma citação de Isaías:

> É por isso que vos falo em parábolas: porque veem sem ver e ouvem sem ouvir nem entender. É neles que se cumpre a profecia de Isaías, que diz: Certamente haveis de ouvir e jamais entendereis. Certamente haveis de enxergar e jamais vereis (Mt 13,13-14).

Do mesmo modo, sua atitude com relação ao templo de Jerusalém é inspirada na de Jeremias. Jesus expulsa os comerciantes e os cambistas de maneira bastante enérgica e justifica seu gesto com duas citações proféticas:

> E entrando no Templo, começou a expulsar os vendedores e os compradores que lá estavam: virou a mesa dos cambistas e as cadeiras dos que vendiam pombas, e não permitia que ninguém carregasse objetos através do Templo. E ensinava-lhes dizendo: "Não está escrito: Minha casa será chamada casa de oração para todos os povos? Vós, porém, fizestes dela um covil de ladrões!" (Mc 11,15-17 com citações de Is 56,7 e Jr 7,11)

Como para Jeremias, é a posição tomada em relação ao templo que irá provocar a irritação dos responsáveis do culto. No fim das contas, é o sumo sacerdote que pronunciará a sua condenação à morte.

Jesus chama igualmente a atenção dos seus ouvintes contra um flagelo terrível: os falsos profetas. Estes sempre abundaram em Israel e é bastante difícil de lhes situar. Sobre a forma, o discurso deles não é diferente do discurso dos autênticos profetas. Mas o fundamento é diametralmente oposto. Em seu tempo, Jeremias teve de discutir com um falso profeta chamado Ananias (Jr 28) que anunciava um retorno iminente do exílio, ao passo que Jeremias profetizava um exílio muito longo. Como os ouvintes podiam saber quem era o autêntico profeta? Somente o rumo dos acontecimentos podia dar razão a um ou a outro (a Jeremias, no caso).

Jesus dá um critério de identificação:

> Guardai-vos dos falsos profetas, que vem a vós disfarçados de ovelhas, mas por dentro são lobos ferozes. Pelos seus frutos os reconhecereis. Por acaso, colhe-se uvas de espinheiros ou figos

de cardos? Do mesmo modo, toda árvore boa dá bons frutos, mas a árvore má dá frutos ruins. (Mt 7,15-17)

Este critério evoca aquele dado por Miqueias em seu tempo:

Assim fala YHWH contra os profetas que desorientam meu povo: Podem eles morder com tanto gosto? Proclamam a paz; mas a quem não lhes põe nada na boca, declaram a guerra de Deus. (Mq 3,5)

Os profetas cujos oráculos estão em função dos honorários recebidos são eminentemente suspeitos. Do mesmo modo, diz Jesus, aqueles cujo comportamento está em contradição com a mensagem.

Finalmente, o Apocalipse joanino qualificará de falsos profetas (Ap 16,13; 19,20; 20,10) a fera da terra que simboliza o poder econômico e religioso do império romano e, por extensão, o discurso propagandístico de todo império totalitário. A ameaça do falso profetismo permanece sempre atual.

10

A recepção dos livros proféticos

A questão da recepção dos livros proféticos se põe em vários níveis e em várias épocas. Começa no próprio seio do *corpus* bíblico.

A recepção dos profetas no seio da Bíblia

É claro que os profetas mais recentes não ignoram o uso da palavra de seus antecessores. Jeremias, por exemplo, citará várias vezes os oráculos de Oseias, apresentando-se, assim, na continuidade desse profeta (Jr 2,2 ou 6,1). Mais amplamente, os profetas vão inspirar as grandes correntes teológicas que atravessam o Antigo Testamento.

Oseias e Jeremias apresentam numerosos pontos de contato com o livro do Deuteronômio e servem de guias teológicos para a grande escola redacional deuteronomista. Ezequiel vai inspirar mais a escola sacerdotal e a redação da outra grande história de Israel, a das Crônicas.

Encontram-se também traços da recepção dos profetas na literatura bíblica que será associada a eles. Deste modo, vários livros serão associados ao profeta Jeremias, como o livro das Lamentações (peças poéticas sobre a queda de Jerusalém) ou ainda o livro de Baruc (atribuído ao secretário de Jeremias). Fora da Bíblia, o judaísmo conservará várias tradições sobre o destino dos profetas, dando lugar à elaboração de obras inteiras, como o *Martírio de Isaías* ou ainda *A Ascensão de Isaías*.

Muito numerosas no livro, as visões de Ezequiel serão regularmente retomadas na literatura apocalíptica até o último livro da Bíblia, o Apocalipse joanino. A perspectiva de um Israel teocrático estará igualmente no coração das preocupações teológicas da comunidade de Qumran. Correntes exotéricas do judaísmo, como a cabala, serão frequentemente baseadas nesses escritos visionários.

Os profetas e a Igreja

No capítulo precedente, vimos como os livros proféticos foram explorados pelos autores do Novo Testamento. Este interesse pelos profetas continuará nas primeiras gerações de autores cristãos reunidos sob o nome de Padres da Igreja. Muitos destes autores se consideram na continuidade dos profetas e dos apóstolos, como o exprime Cesário de Arles:

> Prestai bem atenção, irmãos muito caros, as Escrituras são como letras enviadas de nossa pátria. Nossa pátria é o paraíso. Nossos pais são os patriarcas, os profetas, os apóstolos e os mártires. Os anjos são os cidadãos do paraíso, nosso rei é o Cristo. Quando Adão pecou, fomos jogados com ele no exílio deste mundo, mas nosso rei, para além de todo discurso, é benigno e misericordioso. Ele nos escreveu, pelos patriarcas e profetas, as santas Escrituras como carta de convite, na qual nos convidava para nossa primeira e eterna pátria. (Cesário de Arles, *Sermão* 7)

O uso das citações proféticas pelos Padres demandaria um estudo que ultrapassaria em muito os limites desta obra. Para resumir, é possível dizer que estes oráculos proféticos são essencialmente convocados para um uso cristológico e eclesiológico. Na mesma linha dos evangelistas, para os Padres trata-se de aprofundar o mistério de Cristo na medida em que se desenvolve a reflexão teológica sobre a encarnação e a Trindade. Não é por acaso que os grandes oráculos messiânicos são particularmente solicitados. O outro domínio é o eclesiológico: muitos dos Padres exploram como os textos proféticos, concernente ao povo de Deus, podem dizer alguma coisa sobre a própria Igreja. O diálogo amoroso entre Deus e seu povo apresentado como sua esposa em Oseias 1-3 é também classicamente relido como apresentação do amor de Cristo por sua Igreja.

Os profetas foram integrados ao ciclo das leituras litúrgicas das Igrejas. Do mesmo modo que nos Padres, foi frequentemente o interesse cristológico de tal ou tal passagem que guiou a escolha dos oráculos. No entanto, a dimensão social dos oráculos é igualmente levada em consideração, permitindo, com frequência, uma ligação estreita entre a primeira leitura e o ensinamento de Jesus na passagem do evangelho do domingo. Peças litúrgicas foram diretamente compostas segundo os textos proféticos, como o hino do *Sanctus* que se inspira em Isaías 6,3 ou o hino do *Dies irae*, cantado em funerais, que retoma as palavras de Sofonias 1,15.

Certos profetas conheceram uma renovação de interesse em fases críticas da vida da Igreja. É o caso especialmente do profeta Amós. Desprovido de oráculos messiânicos, que não foi muito do interesse dos evangelistas e nem mais tarde dos Padres da Igreja. Foi preciso esperar as pregações de Jerônimo Savonarola

(1496) e as de Calvino (1551) para que o livro fosse objeto de comentários e interpretações atualizadoras (Savonarola via na Samaria de Amós uma descrição da Florença da Renascença).

No contexto da Reforma nascente, recaiu grande interesse sobre a doutrina paulina da justificação pela fé e não pelas obras, tal como definida nas Epístolas aos Romanos e aos Gálatas. Ora, este tema é desenvolvido por Paulo a partir de uma citação de Habacuc: "Eis inflado de orgulho aquele cuja alma não é reta, mas o justo viverá por sua fidelidade" (Hb 2,4). Esta afirmação da justificação pela fidelidade e a maneira de compreendê-la será objeto de muitos debates contraditórios entre católicos e reformados.

Mesmo que os textos do Concílio Vaticano II favoreçam citações do Novo Testamento, o lugar que a literatura profética ocupa aí está longe de ser negligenciado. É significativo que a constituição *Gaudium et Spes* (GS), cujo sujeito é a "Igreja no mundo contemporâneo", contenha o maior número de citações proféticas. Sem mencionar todas, pode-se notar:

- A utilização de Isaías 2,4: "Ele julgará as nações, corrigirá muitos povos. Estes quebrarão suas espadas, transformando-as em relhas, e suas lanças, a fim de fazerem podadeiras. Uma nação não levantará a espada contra a outra, e nem se aprenderá mais a fazer guerra", no capítulo 5, consagrado à salvaguarda da paz no mundo.
- No primeiro capítulo, consagrado ao matrimônio e à família, Oseias 2 e Isaías 54 são solicitados conjuntamente para definir a aliança com Deus como aliança de amor e fidelidade.
- Isaías 58,1-12 é evocado para denunciar o *divórcio entre a fé que alguns dizem ter e seu comportamento quotidiano*. Esta

separação é considerada pela GS 43 como um escândalo denunciado com veemência pelos profetas.

Igualmente notável, na declaração *Nostra aetate* sobre as religiões não cristãs, é a citação de Sofonias 3,9: "Sim, então, darei aos povos lábios puros, para que todos possam invocar o nome de YHWH e servi-lo sob o mesmo jugo". Este texto tinha manifestado uma considerável abertura da Igreja referente a outras religiões, e, muito particularmente, ao judaísmo.

Hoje os profetas são particularmente solicitados pela Igreja no âmbito da justiça social. As correntes da teologia da libertação na América Latina estudaram muito os oráculos sociais de Amós. No *Compendium da doutrina social da Igreja*, os profetas são citados numerosas vezes, a começar por Isaías, para temas muito variados:

- O nascimento do Messias: *Ela (Maria) proclama o acontecimento do Mistério de salvação, a vinda do "Messias dos pobres"* (ver Is 11,4; 61,1) (n° 59).
- O valor da família: *Seu pacto de união é apresentado na Sagrada Escritura como imagem do Pacto de Deus com os homens* (ver Os 1-3; Is 54; Ef 5,21-33), e ao mesmo tempo como serviço em favor da vida (n° 111).
- A universalidade da salvação: *A universalidade da esperança cristã inclui não somente os homens e as mulheres de todos os povos, mas também o céu e a terra: "Gotejai, ó céus, lá do alto, derramem as nuvens a justiça, abra-se a terra e produza a salvação, e, ao mesmo tempo, faça brotar a justiça! Eu, o Senhor, criei isto"* (Is 45,8) (n° 123).
- O respeito pela justiça: *A tradição profética condena os imbróglios, a usura, a exploração, as injustiças gritantes, em particular contra*

os mais pobres (ver Is 58,3-11; Jr 7,4-7; Os 4,1-2; Am 2,6-7; Mq 2,1-2) (nº 323).

- A responsabilidade do dirigente: Ele deverá se fazer defensor dos pobres e assegurar ao povo a justiça: as denúncias dos profetas serão dirigidas precisamente contra as faltas dos reis (ver 1Rs 21; Is 10,1-4; Am 2,6-8; 8,4-8; Mq 3,1-4) (nº 377).

Para a Igreja, a mensagem dos profetas nada perdeu de sua atualidade. Encontra força renovada em sua releitura à luz do ensinamento de Jesus.

11

Os livros proféticos e nossa cultura

Os profetas e os livros atribuídos a eles deixaram numerosos traços na história dos homens, e hoje alguns ainda são bem expressivos.

Deste modo, numerosas expressões tornadas proverbiais vêm diretamente desta literatura, tais como:

- *Quem semeia o vento colhe a tempestade* (Os 8,7, citado por Paulo em Gl 6,7).
- *Agarrar alguma coisa como a pupila dos seus olhos* (adaptação de Zc 2,12).
- *Ninguém é profeta na própria pátria* (Mt 13,57).
- *Meter o machado na raiz* (citação de João Batista, em Mt 3,10).
- *Maldito aquele que confia no homem* (Jr 17,5).
- *Os pais comeram uvas verdes e os dentes dos filhos se embotaram* (Jr 31,29).
- *Soltar jeremiadas* (segundo a experiência do profeta Jeremias).
- *Gritar no deserto* (Is 40,3, citado em Mt 3,3).

A representação artística dos profetas

Os profetas foram frequentemente representados na história da arte. Nos lugares de culto figuram frequentemente ao lado do Cristo que anunciam, junto com os evangelistas apresentados do outro lado. Em Amiens, o estatuário da catedral associa os quatro grandes profetas aos doze apóstolos. Um vitral da catedral de Chartres apresenta de maneira muito original os quatro evangelistas colocados sobre os ombros dos quatro profetas (lanceta da rosácea sul).

O problema dos visitantes desses edifícios religiosos é identificar o profeta em questão, pois frequentemente se parecem: velhos barbudos segurando um livro ou um rolo simbolizando sua profecia. Às vezes, o artista gravou um versículo dos livros proféticos, o que facilita evidentemente a identificação se a pessoa conhece um pouco a Bíblia. Outras vezes, é um atributo que simboliza um aspecto da vida do profeta ou de sua mensagem. Isaías, por exemplo, é frequentemente representado decapitado ou com uma serra posta a seus pés, segundo a lenda de que o rei Manassés tenha assim executado o profeta.

Os pintores frequentemente representaram cenas da literatura profética, essencialmente em suas seções narrativas. Bíblias medievais ilustradas por artistas contemporâneos como Chagall, episódios como o chamado dos profetas suscitaram numerosas criações artísticas.

Em nosso mundo atual, o termo "profeta" tende a se confundir com "adivinho". Quando se afirma que tal ou tal palavra era "profética", isto geralmente quer dizer que anunciava antecipadamente algo que ia acontecer, quando nenhuma outra pessoa havia imaginado aquilo.

Na literatura, a figura do profeta apresenta às vezes traços caricaturais. Um dos "profetas" imaginários que marcou uma geração de jovens leitores é o famoso Filípulus, que aparece na HQ de Hergé *L'étoile mystérieuse* [A estrela misteriosa]. Ele é apresentado como um velho barbudo, armado de um gongo, que atormenta Tintim com suas imprecações e anuncia a quem queira ouvir um fim iminente do mundo. Seu discurso parece se inspirar no dos antigos profetas: "O fim do mundo está próximo! Todo o mundo perecerá! Os sobreviventes morrerão de fome e de frio! E eles contrairão a peste..." (p. 7). Quanto mais se avança na leitura, mais aparece que o personagem está fora de si... Compreende-se, aliás, que escapou de um manicômio! Com seu lote de pesadelos e alucinações (p. 20). Esta aventura de Tintim é considerada a mais angustiante da série. Observemos que um cronista do *Fígaro* escolheu como pseudônimo o nome de Filípulus para publicar uma ficção política antecipando certos acontecimentos efetivamente advindos algum tempo depois dessa publicação.

Palavras sempre atuais

Algumas palavras proféticas assumiram alcance universal no mundo contemporâneo. Pode-se pensar muito particularmente em Isaías 56,5:

> Eu lhes darei, na minha casa e dentro dos meus muros, um monumento e um nome mais preciosos do que teriam com filhos e filhas; dar-lhes-ei um nome eterno, que não será extirpado.

Em hebraico, a expressão aqui traduzida por "um monumento e um nome" se diz *yad vashem*. É o nome que, em 1953,

Israel dará ao grande memorial da *Shoah* construído sobre o monte Herzl, o monte da lembrança.

Igualmente significativa é a citação de Isaías 2,4:

> Ele julgará as nações, corrigirá muitos povos. Estes quebrarão suas espadas, transformando-as em relhas, e suas lanças, a fim de fazerem podadeiras. Uma nação não levantará a espada contra a outra, e nem se aprenderá mais a fazer guerra.

Esta frase é parcialmente reproduzida sobre uma estátua de Yevgeny Vuchetich, representando um homem forjando uma relha de arado. Esta estátua é uma das maiores peças do jardim da sede da ONU em Nova York. É interessante constatar que esta citação bíblica figura sobre um presente oferecido à ONU pela União Soviética em 1959, em plena guerra fria.

Se o mundo dos profetas aparece bem diferente do nosso sobre certos aspectos, sobre outros pode nos parecer surpreendentemente próximo, como se o profeta se dirigisse diretamente à nossa época e à nossa cultura. Quando Amós denuncia uma sociedade em que o pobre não tem mais valor que um par de sandálias, não se dirige também a nossos contemporâneos de muitas regiões nas quais uma vida humana não tem mais valor? Os profetas são afiados conhecedores da alma humana, e esta (lamentavelmente) não parece evoluir no mesmo ritmo do progresso tecnológico. Para retomar a famosa fórmula de São Francisco de Sales: "onde há o homem, há corrupção...". Os séculos passam, mas o comportamento humano permanece com grande constância. Os crimes denunciados pelos profetas permanecem sempre atuais, ainda que as modalidades possam assumir novos rostos.

A título de ilustração, isso também se pode dizer da idolatria. Alguns Baal, Marduk e correlatos deixaram a cena. Não se lhes oferece mais crianças sobre fogueiras às portas de Jerusalém. Os templos deles são simplesmente ruínas exploradas pelos arqueólogos e turistas. Mas a idolatria desapareceu de fato do nosso mundo? Basta ouvir certos comentaristas econômicos falarem do Mercado (com M maiúsculo) ou alguns estudiosos da Ciência (com C maiúsculo) para duvidar seriamente. Quando se afirma que o Mercado tem sua Lei, à qual é necessário se submeter sob pena de ser punido; que em nome dessa Lei pode-se destruir vidas humanas, vidas que, aliás, não têm valor face aos interesses em jogo; nenhum homem, mesmo o mais poderoso, pode pretender ter poder sobre esse Mercado considerando que seu poder se impõe a todos os homens, a todos os estados... Estamos ainda na linguagem econômica ou já passamos ao vocabulário religioso? Quando os consórcios experimentam, em nome da Ciência e do Mercado, moléculas perigosas às quais as populações dos países pobres são expostas, estamos muito longe dos sacrifícios humanos outrora denunciados? É bastante fácil de imaginar o que Isaías ou Jeremias teriam a dizer a nossos contemporâneos se percorressem hoje o nosso mundo.

Aliás, não será necessário crer que o profetismo tenha tido importância somente para o passado. Desde a primeira geração cristã, surge um novo profetismo. São Paulo evoca a profecia como um autêntico dom do Espírito Santo às comunidades cristãs (1Cor 12,8-10). Até mesmo afirmará: "Procurai a caridade. Entretanto, aspirai aos dons do Espírito, principalmente à profecia" (1Cor 14,1). Recomenda aos Tessalonicenses: "Não extingais o Espírito, não desprezeis os dons da profecia; discerni tudo e ficai com o que é bom..." (1Ts 5,19-21). Porque a primeira geração cristã (e as que a seguirão) deverá discernir entre verdadeiros e falsos profetas. Um bom conhecimento dos profetas da Bíblia oferece, então, diversas pistas de discernimento.

Conclusão

Mergulhando no mundo dos profetas, descobrimos a que ponto estão profundamente enraizados em seu tempo. A voz dos profetas traduz a implicação de Deus na história dos homens. Os profetas são homens de carne e sangue. Reagem aos acontecimentos frequentemente trágicos que atingem seu povo, sua família. Falam de suas angústias, cóleras, esperanças... A literatura profética exprime uma vasta gama de sentimentos, revelando homens que nos podem parecer bem próximos, pelo modo como suas emoções se unem às nossas. Mas não se trata senão de simples informação sobre a afetividade dos profetas. Estas palavras abrem uma janela sobre a "afetividade" de Deus. O Deus dos profetas é tudo menos impassível e indiferente. Ele também reage, às vezes violentamente, ao que vivem os homens. O Deus da Bíblia nada tem de um "grande relojoeiro" observando sem paixão a mecânica que ele põe em movimento. Sofre com seu povo e o ama como um pai ama seus filhos. Não se resigna às suas infidelidades e não cessa de chamar os homens a se voltarem para ele.

Como embaixador de Deus, o profeta está em condições de examinar a história. Seu papel não se limita a anunciar acontecimentos futuros. Consiste, sobretudo, em dar o sentido da história dos homens, revelando a ação de Deus no seio desta história. Em um mundo materialista que poderia crer que a história é inteiramente determinada por fatores econômicos ou políticos, o profeta lembra que há outros componentes agindo para contribuir ou se opor ao projeto divino. A acuidade do olhar profético permanece necessário a toda época da história dos homens.

Enfim, o profeta revela que a história vai na direção de um termo. Se a literatura apocalíptica desenvolveu muito os elementos espetaculares e catastróficos acompanhando este fim, o profetismo é mais sóbrio. Recorda, sobretudo, que este fim não é um fim! Trata-se, antes, de uma renovação radical do destino da humanidade e de toda a Criação. Os profetas anunciam o fim do reino da violência e da injustiça sobre a terra. Para os pequenos, os humildes, os fracos, sua mensagem é promessa de salvação, de libertação, de felicidade. Para os autores do Novo Testamento, esta salvação se realiza desde aquele momento, no Cristo. No entanto, sua plena realização ainda está por vir. No mundo ainda tenebroso, as palavras dos profetas são um guia seguro:

> Temos, também por firme a palavra dos profetas, à qual fazeis bem em recorrer como a uma luz que brilha em lugar escuro, até que raie o dia e surja a estrela d'alva em nossos corações. (2Pd 1,19)

Anexos

Léxico

Apocalipse – literatura apocalíptica: Um "apocalipse" é uma "revelação" que se realiza frequentemente sob a forma de visões enigmáticas interpretadas pelo visionário ou por um mediador angélico. Esta literatura é encontrada em alguns livros proféticos (como Ezequiel ou Zacarias), mas também em livros como o de Daniel. No Novo Testamento, o livro do Apocalipse deu seu nome a este gênero literário.

Bíblia hebraica: A Bíblia em uso nas comunidades judaicas. Redigida em hebraico e aramaico, é composta de três seções: a Lei, os Profetas e os Escritos.

Canaã: Território que vai da Fenícia às portas do Egito. É o lugar da implantação dos reinos de Judá e Israel.

Consonântico (texto): Texto hebraico do Antigo Testamento em que somente consoantes são escritas, a pronúncia é deixada à apreciação do leitor. Os Massoretas fixaram uma pronúncia estandardizada ainda em uso no judaísmo contemporâneo.

Deuterocanônico: Se diz de um livro que figura na Setenta, mas não na Bíblia hebraica.

Deuteronomista: Escola redacional fortemente influenciada pela teologia do Deuteronômio e dos profetas Oseias e Jeremias. Deve-se a esta escola a grande história de Israel que se estende do livro de Josué ao segundo livro dos Reis.

Escatológico: Diz respeito ao fim dos tempos.

Filhos de profetas – irmãos de profetas: Comunidades de profetas itinerantes, remanescentes de um profetismo arcaico em Israel.

Fórmula oracular: Expressão que introduz um oráculo: "Assim fala o Senhor"... Ou que o conclui: *Oráculo do Senhor.*

Israel: Reino de Canaã; capital, Samaria. Potência média do Antigo Oriente Próximo até sua destruição pelos Assírios em 722-721.

Dia do Senhor: O dia em que Deus vai visitar seu povo, quer para libertá-lo, quer para o punir. Este dia é frequentemente associado ao fim dos tempos.

Judá: Reino de Canaã, capital Jerusalém. Por longo tempo vassalo do reino de Israel, adquire sua autonomia e se desenvolve após a destruição deste último (721 a.C.).

Judeia: Nome da Província quando o reino de Judá deixou de existir após sua tomada pelos Babilônios (587 a.C.).

LXX: *Ver* Setenta.

Massorético (texto) – Massoretas: Texto hebraico do Antigo Testamento vocalizado pelos Massoretas, sábios judeus que trabalhavam na Galileia por volta do século VIII de nossa era. O texto massorético é substancialmente diferente do texto hebraico traduzido pela Setenta.

Messias – Messianismo: O "messias" é literalmente aquele que recebeu a unção com óleo na ocasião de sua instituição. Isto designa tipicamente o rei de Israel, seja o monarca atual, seja um rei esperado em um futuro mais ou menos longínquo.

Monolatria: Cultuar uma única divindade, sem, contudo, rejeitar a ideia de outras divindades.

Monoteísmo: Afirmação da existência de um único Deus, e, portanto, da inexistência de outras divindades.

Retribuição: Maneira como Deus recompensa os justos e pune os ímpios.

Setenta: Bíblia composta em Alexandria sobre a base de uma tradução em grego da Bíblia hebraica.

YHWH: O "tetragrama", nome próprio do Deus de Israel e de Judá. Na Bíblia hebraica, ele jamais é pronunciado. A Setenta o traduz por "Senhor".

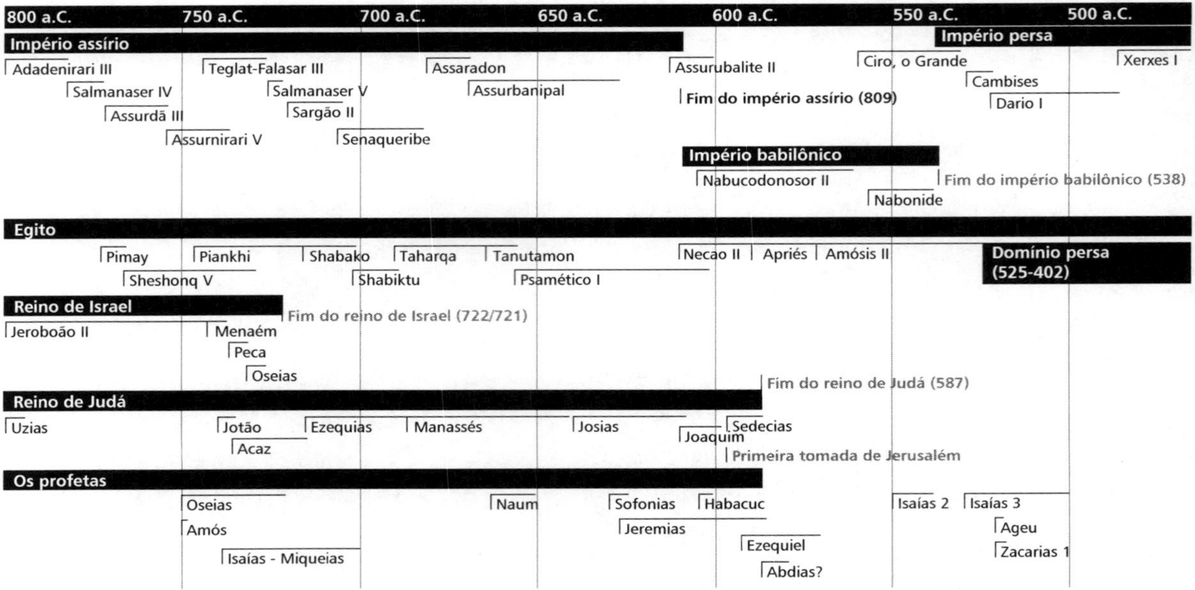
800 a.C.
750 a.C.
700 a.C.
650 a.C.
600 a.C.
550 a.C.
500 a.C.
Império assírio
Adadenirari III
Salmanaser IV
Assurdã III
Assurnirari V
Teglat-Falasar III
Salmanaser V
Sargão II
Senaqueribe
Assaradon
Assurbanipal
Assurubalite II
Fim do império assírio (809)
Império persa
Ciro, o Grande
Cambises
Dario I
Xerxes I
Império babilônico
Nabucodonosor II
Nabonide
Fim do império babilônico (538)
Egito
Pimay
Sheshonq V
Piankhi
Shabako
Shabiktu
Taharqa
Tanutamon
Psamético I
Necao II
Apriés
Amósis II
Domínio persa (525-402)
Reino de Israel
Jeroboão II
Menaém
Peca
Oseias
Fim do reino de Israel (722/721)
Reino de Judá
Uzias
Jotão
Acaz
Ezequias
Manassés
Josias
Joaquim
Sedecias
Fim do reino de Judá (587)
Primeira tomada de Jerusalém
Os profetas
Oseias
Amós
Isaías - Miqueias
Naum
Sofonias
Jeremias
Habacuc
Ezequiel
Abdias?
Isaías 2
Isaías 3
Ageu
Zacarias 1

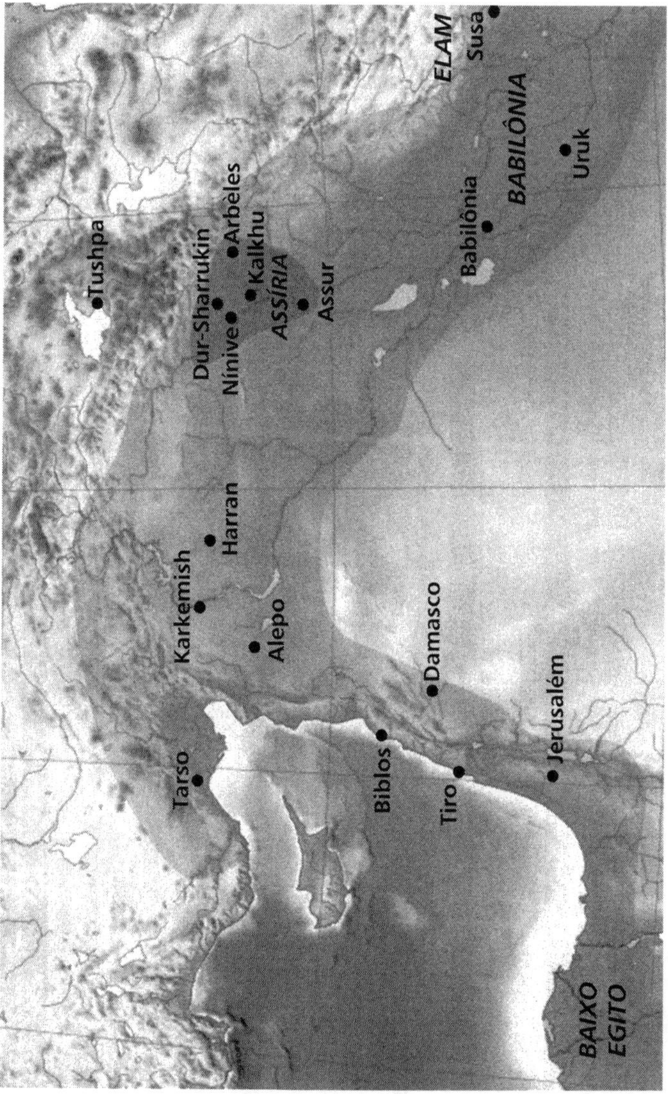

O império assírio nos séculos VIII e VII a.C.

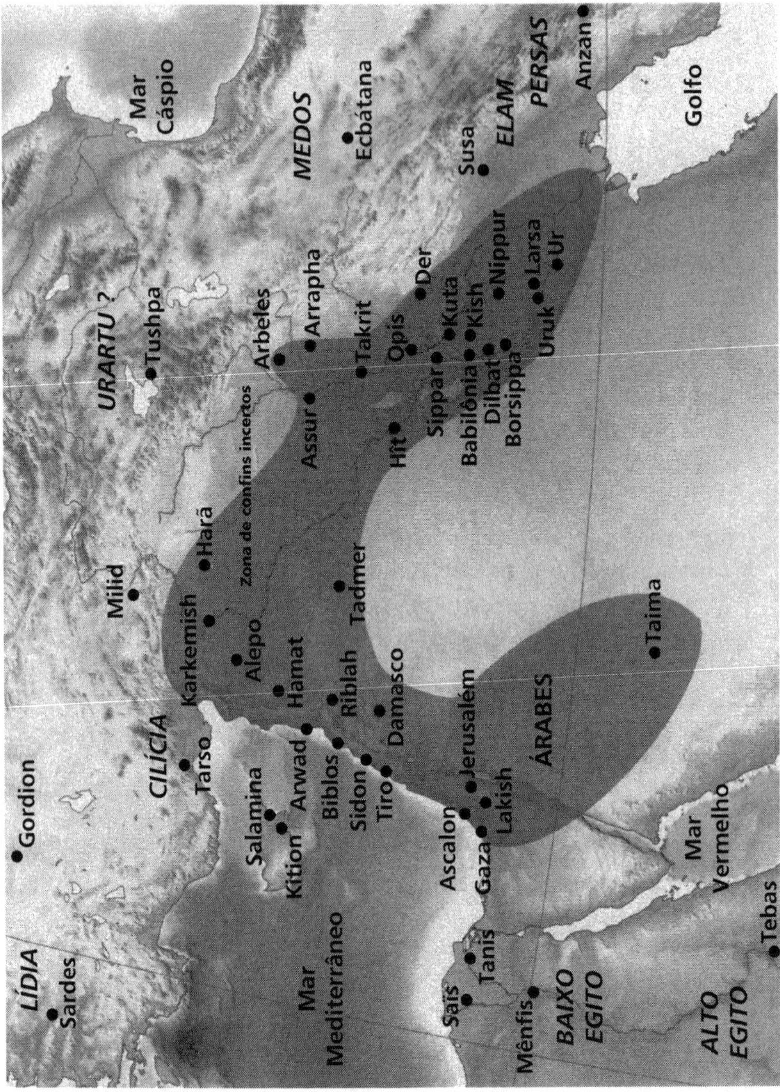

Império babilônico (o exílio), século VII a.C.

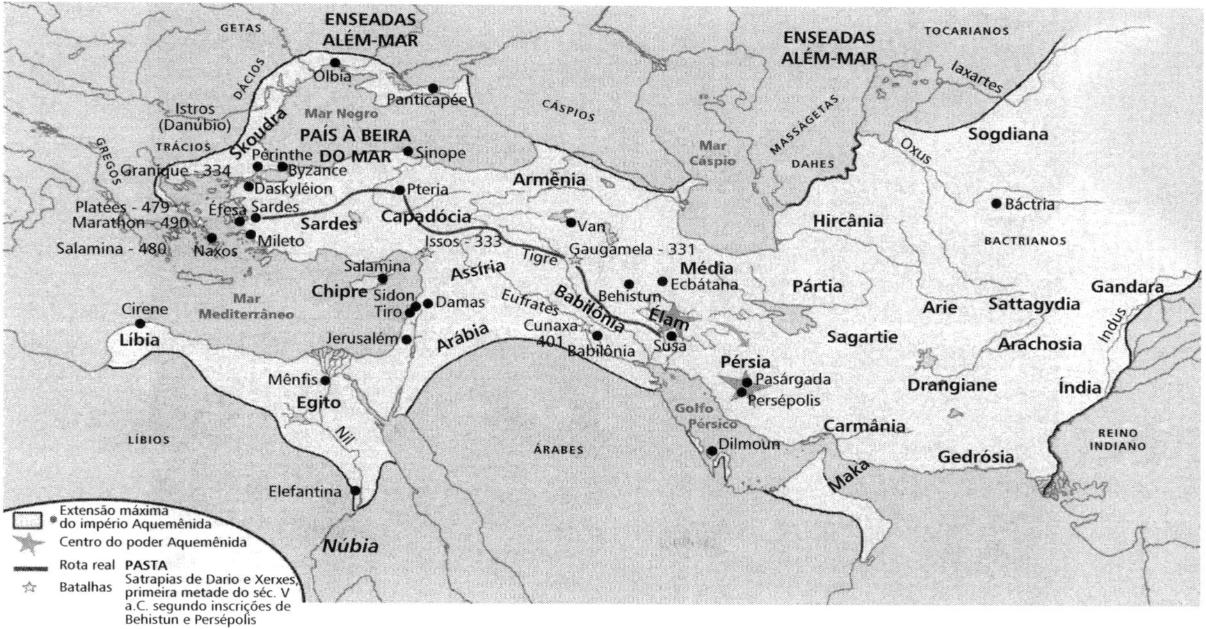

Império persa (retorno do exílio), século VII e VI a.C.

Bibliografia

A bibliografia sobre os livros proféticos é imensa. Privilegiamos aqui obras em francês, visando sobretudo uma iniciação a esses livros. Cada livro profético possui também sua bibliografia específica encontrada no comentário que lhe será dedicado.

ASURMENDI, J. M.; FERRY J.; FOURNIER-BIDOZ, A., *Guide de lecture des Prophètes*, Montrouge, Bayard, 2010.

BEAUCAMP, E., *Les Prophètes d'Israël ou le Drame d'une alliance*, Paris, Cerf, 1987.

BLENKINSOPP, J., *Une histoire de la prophétie en Israël: depuis le temps de l'installation en Canaan jusqu'à la période hellénistique*, Paris, Cerf, 1993, vol. 1.

MONLOUBU, L., *Les prophètes de l'Ancien Testament*, coll. "Cahier Évangile", n. 23, Paris, Cerf, 1983.

______. *Prophète qui est tu?: Le prophétisme avant les prophètes*, Paris, Cerf, 1968, vol. 1.

PRÉVOST, J.-P., *Pour lire les Prophètes*, Ottawa-Paris, Novalis-Cerf, 1995.

RÖMER, T.; MACCHI, J.-D.; NIHAN, C. (eds.), *Introduction à l'Ancien Testament*, Genève, Labor et Fides, 2004 (para os livros proféticos ver particularmente p. 394-556).

VOGELS, W., *Les Prophètes*, Bruxelles, Lumen Vitae, 2008.

Edições Loyola

editoração impressão acabamento

Rua 1822 n° 341 – Ipiranga
04216-000 São Paulo, SP
T 55 11 3385 8500/8501, 2063 4275
www.loyola.com.br